Patchwork-Ideen

Patchwork und Quilten • Grundkurs • farbige Vorlagen

Patchwork und Quilten

Schön, dass Sie dieses Buch zur Hand nehmen.

Wir zeigen Ihnen einen Querschnitt phantasievoller und traditioneller Patchworkarbeiten. Vorbei sind die Zeiten, als Patchwork nur für Decken oder Plaids verwendet wurde. Nun hängen diese Prachtstücke an der Wand, schmücken den Tisch oder machen als liebevolle Kleinigkeiten Freude. Sie zaubern zu Hause eine stimmungsvolle Atmosphäre und setzen im Garten formschöne und farbenfrohe Akzente. Auch Kleinigkeiten werden durch solch zusammengesetzte Mini-Stoffstücke zum Blickfang.

Viele Quilts setzen sich aus traditionellen Motiven zusammen, doch kombinieren Sie Materialien und Techniken, erschaffen Sie modernes Design. Spielen Sie mit Formen und Farben – Ihrer Kreativität sind hier keine Grenzen gesetzt.

In diesem Buch finden Sie Patchwork für Einsteiger und für „alten Hasen". Für die Könner zeigen wir diverse Techniken, und für Anfänger gibt es kleine, einfache Modelle. Die Grundkenntnisse für alle gezeigten Modelle vermittelt ein Lehrgang am Ende des Buches. Ein Sampler, den wir Ihnen auf den Seiten 32 - 41 vorstellen, ist dabei das ideale Übungsstück.

Damit Sie auch gleich erkennen können, ob es sich um ein einfach oder ein aufwendig zu fertigendes Teil handelt, finden Sie unter der jeweiligen Anleitungsüberschrift den Schwierigkeitsgrad, den wir dem jeweiligen Modell zugeordnet haben.
Dieser unterscheidet sich wie folgt:

* = *sehr einfach*
** = *einfach*
*** = *mittelschwer*
**** = *aufwendig*
***** = *sehr aufwendig*

Wir wünschen Ihnen viel Spaß beim Aussuchen und Nacharbeiten, gutes Gelingen.

Ihre Redaktion

Inhalt

Bevor es losgeht ...

Welches Material und Werkzeug wird benötigt?

Es gibt für das Patchworken und Quilten einiges Zubehör und Materialien, die Sie für fast alle Patchwork- und Quiltarbeiten benötigen.

Hier eine Liste der entsprechenden Zubehörteile:

1. Stoff:
Zuerst benötigen Sie natürlich verschiedene Stoffe. Die genauen Stoffbezeichnungen sind in den jeweiligen Anleitungen angegeben. Da einige Stoffe, besonders die aus kräftigen Farben meistens etwas auslaufen und auch etwas eingehen, sollten Sie vor dem Zuschneiden alle Stoffe, zumindest die Baumwollstoffe getrennt nach Farben (hell - dunkel) waschen. Fast alle Patchwork-Stoffe der Firmen Austermann, Elgeo, Frowein, Smyrnafix, die in diesem Buch verwendet wurden, gibt es in einer Breite von 115 cm, einige Stoffe auch mit einer Breite von 140 oder 150 cm bzw. die Rückseitenstoffe auch bis zu einer Breite von 240 cm. Sie sollten beim Stoffverbrauch allerdings beachten, dass Ihnen durch das Eingehen nach dem Waschen einige Zentimerter fehlen und deshalb lieber etwas mehr, als zu wenig Stoff kaufen.

2. Schneidewerkzeug:
Sie können die einzelnen Patchwork-Teile entweder mit der Schere oder, was wesentlich genauer und auch schneller von der Hand geht, mit einem Rollschneider zuschneiden. Die Rollschneider gibt es in 3 verschiedenen Größen (der kleine ist besonders für Rundungen geeignet) und neuerdings auch als Multi-Rollschneider mit auswechselbaren Messern mit verschiedenen Zackenrändern. Arbeiten Sie mit dem Rollschneider, benötigen Sie dazu noch eine Schneidematte, die es in unterschiedlichen Größen im Handel zu kaufen gibt.

3. Lineale:
Um genaues Zuschneiden mit dem Rollschneider zu ermöglichen, legt man den Stoff an ein Universallineal, das in Patchworkgeschäften erhältlich ist, an. Dann können Sie genau an der Lineal-Kante entlang schneiden. Außerdem sind an diesen Linealen die unterschiedlichen Maße mit Linien sowie die 30, 45 und 60-Grad-Winkel eingezeichnet, was Sie beim Zuschneiden vieler Patchwork-Arbeiten, die ohne Schablonen im Winkel zugeschnitten werden, benötigen.

4. Seiden- oder Schnittpapier:
Dies wird zum Abpausen der Schablonen und Quiltmotive benötigt.

5. Karton für das Vorbereiten der Schablonen:
Um die entsprechenden Patchwork-Teile auf Schablonen zu übertragen, benötigen Sie ein Stück Karton. Hierbei werden zuerst die Schablonen auf Seiden- oder Schnittpapier abgepaust und danach auf den Karton übertragen. Müssen Sie ein Dreieck als Schablone vorbereiten, können Sie dies mit den entsprechenden Maßen auch direkt auf den Karton aufzeichnen. Zum Schluss die Schablonen ausschneiden.

6. Kopierpapier:
Mit Kopierpapier können Sie es sich ersparen, die Schablonen zuerst auf Seidenpapier zu übertragen. Dabei den Karton unter die entsprechenden Schablonen legen und mit einem Schneiderrädchen die Schablonen nachfahren. Damit sind die entsprechenden Schablonen gleich auf dem Karton sichtbar. Zuletzt die Schablonen ausschneiden.

7. Näh- und Quiltgarn:
Für das Zusammennähen verwendet man passende Baumwoll- oder Polyester Nähgarne.
Für das Quilten gibt es speziellen Quiltfaden, die gewachst und besonders stark sind. Außerdem gibt es inzwischen einige Spezial-Quiltgarne, wie z. B. unsichtbares Quiltgarn sowie goldenes und silbernes Quiltgarn.

8. Trick-Marker oder Silberstift:
Zum Übertragen der Quiltmotive auf den Stoff benötigen Sie spezielle Stifte. Sollen die gezeichneten Linien nachträglich unsichtbar sein, ist es

am einfachsten, wenn Sie spezielle Trick-Marker verwenden, die es wasserlöslich (die Linien verschwinden nach dem Waschen) oder selbstlöschend (die Linien verschwinden nach einiger Zeit von selbst wieder) gibt. Verwenden Sie selbstlöschende Stifte, sollten Sie allerdings nur so viele Motive aufzeichnen, wie Sie gleich im Anschluss an das Aufzeichnen nachquilten können. Sonst kann es passieren, dass die Linien wieder verschwunden sind, bevor die Arbeit beendet ist. Dürfen die Zeichenlinien hinterher noch sichtbar sein (was bei hübschen Quiltmotiven sogar von Vorteil ist), sollten Sie besonders bei hellen Uni-Stoffen einen Silberstift verwenden. Dieser schimmert hinterher noch etwas unter den gequilteten Linien durch. Natürlich können Sie die Linien des Silberstiftes nachträglich auch mit einem Radiergummi entfernen.

9. Stecknadeln:
Zum Zusammenstecken der einzelnen Patchwork-Teile benötigen Sie viele Stecknadeln. Verwenden Sie zum Patchen die etwas längeren Glaskopfstecknadeln (extra lang).

10. Messing-Sicherheitsnadeln (gebogt) oder Heftfaden:
Um die drei Lagen (Patchwork-Oberseite, Einlage und Unterseite) zusammenzuheften, können Sie entweder diese Lagen mit großen Heftstichen zusammenheften oder mit den gebogten Sicherheitsnadeln zusammenstecken.

11. Quiltnadeln:
Spezielle Quiltnadeln, die extra kurz und besonders spitz sind, erleichtern das Quilten sehr.

12. Quilt-Ring und -Rahmen:
Damit die Quiltmuster besonders schön und plastisch hervortreten, spannt man die Arbeit vor dem Quilten in einen Quilt-Ring oder -Rahmen. Diese gibt es in ovaler und runder Form, in verschiedenen Größen und Varianten.

Zusätzlich gibt es noch einige Zubehörteile, die nicht unbedingt nötig sind, die das Arbeiten jedoch sehr erleichtern.

13. Dream Seamer (Nahtzugaberädchen):
Dies ist ein kleines Rädchen mit einem Loch in der Mitte, mit dem Sie die Nahtzugabe, besonders an Rundungen exakt einzeichnen können. Das Rädchen wird genau an der jeweiligen Schablonen-Kante angelegt und die Nahtzugabe mit Hilfe eines Bleistiftes auf den Stoff gezeichnet. Natürlich können Sie mit Hilfe des Nahtzugaberädchens die Nahtzugaben auch gleich an die Schablonen anzeichnen, um hinterher direkt an den Schablonen entlangzuschneiden. Dieses Rädchen gibt es in führenden Patchworkgeschäften.

14. Fingerhut:
Zum Quilten sollten Sie unbedingt einen Fingerhut verwenden. Fingerhüte gibt es aus Metall und aus Leder. Der Lederfingerhut ist geschmeidig und passt sich deshalb an alle Fingerstärken und Nagellängen an. Außerdem ist das Arbeiten mit dem geschmeidigen Lederfingerhut für die meisten Patchworkerinnen einfacher, als mit dem starren Metallfingerhut. Probieren Sie einfach aus, mit welchem Fingerhut Sie besser zurechtkommen.

15. Quilting-Maschinennadeln:
Möchten Sie mit der Nähmaschine quilten, sollten Sie spezielle Quilting-Maschinennadeln verwenden. Diese Nadeln verhindern ein Hochziehen des Vliesstoffes.

16. Schrägbandformer:
Mit dem Schrägbandformer, den es in zwei unterschiedlichen Breiten gibt, können Sie die entsprechende Arbeit einfassen. Mit ihm formen Sie ein schmales Band, das Sie über die Nahtzugabe des fertigen Teiles schieben und einfach aufsteppen.

17. Heller Filz oder Nessel:
Diesen benötigen Sie, wenn Sie eigene Entwürfe fertigen oder verschiedene Stoffe in vielen Farbschattierungen anordnen möchten.

Tipp!
Zusätzlich sollte das Bügeleisen mit dem Bügelbrett stets in Arbeitsnähe griffbereit sein.

Frühlingsfrische für den Tisch

Mitteldecke in Blau-Gelb

**

Größe: 90 x 90 cm
Blockgröße: 33 x 33 cm

Material:

• *Für die Vorderseite:*
80 cm Blau
20 cm Gelb-geblümt
30 cm Weiß-blau-geblümt
40 cm Blau-gelb-geblümt
• *Für die Rückseite:*
100 cm Blau
Alle Stoffe sind je 115 cm breit.
• *Für die Einlage:*
200 x 60 cm Vlieseline H410
• *Zubehör:*
Siehe Material- und Werkzeugliste auf Seite 6/7

Vorbereiten:

Zuerst die Dreieck-Schablonen sowie die Streifenschablone mit Spitze vorbereiten (siehe Material- und Werkzeugliste von Seite 6/7 sowie Lehrgang auf Seite 62). Für die kleine Dreieck-Schablone **1** ein Quadrat von 5,5 x 5,5 cm, für die mittlere Dreieck-Schablone **2** ein Quadrat von 11 x 11 cm, für die mittlere Dreieck-Schablone **3** ein Quadrat von 13 x 13 cm und für die große Dreieck-Schablone **4** ein Quadrat von 16,5 x 16,5 cm aufzeichnen und diese Quadrate je 1 x in der Diagonalen durchschneiden. Je 1 Dreieck hiervon ergeben die Dreieck-Schablonen **1 - 4**. Für die Streifenschablone einen Streifen von 5 x 23,25 cm aufzeichnen und an den beiden Schmalseiten die Spitzen im 45-Grad-Winkel abschneiden.

Zuschneiden:

Nahtzugabe inklusive 0,75 cm. An den Schablonen zusätzlich je 0,75 cm Nahtzugabe an allen Seiten zugeben.
Zuschneiden von Dreiecken ohne Schablonen:
Für die kleinen Dreiecke **1** je ein Quadrat von 8 x 8 cm, für die mittleren Dreiecke **2** je ein Quadrat von 13,5 x 13,5 cm, für die mittleren Dreiecke **3** je ein Quadrat von 14 x 14 cm und für die großen Dreiecke **4** je ein Quadrat von 17,5 x 17,5 cm zuschneiden und diese Quadrate je 2 x in der Diagonalen durchschneiden. Dies ergibt je 2 Dreiecke **1 - 4.**
Für den Streifen mit Spitze einen Streifen von 6,5 x 26,75 cm zuschneiden und an den beiden Schmalseiten die Spitzen im 45-Grad-Winkel abschneiden.
Teile für das gesamte Mittelteil zuschneiden:
36 kleine Dreiecke **1** in Blau.
44 kleine Dreiecke **1** in Gelb-gemustert.
8 mittlere Dreiecke **2** in Weiß-blau-geblümt.
8 mittlere Dreiecke **3** in Blau-gelb-geblümt.
4 Streifen mit Spitze in Weiß-blau-geblümt.
4 Quadrate je 12,5 x 12,5 cm in Weiß-blau-geblümt.
2 Zwischenstreifen von 8,5 x 34,5 cm in Blau.
1 Zwischenstreifen von 8,5 x 74,5 cm in Blau.

Randstreifen zuschneiden:
2 Streifen von 10 x 74,5 cm in Blau.
2 Streifen von 10 x 91,5 cm in Blau.
Rückseite zuschneiden:
1 Quadrat von ca. 91,5 x 91,5 cm in Blau.
Einlage zuschneiden:
2 Rechtecke von 91,5 x 45,75 cm Vlieseline.

Zusammensetzen:

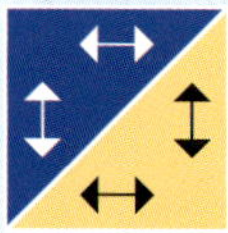

Zuerst 36 x je ein kleines blaues und gelb-gemustertes Dreieck **1** an den Diagonalen zu Quadraten zusammennähen.

Block A

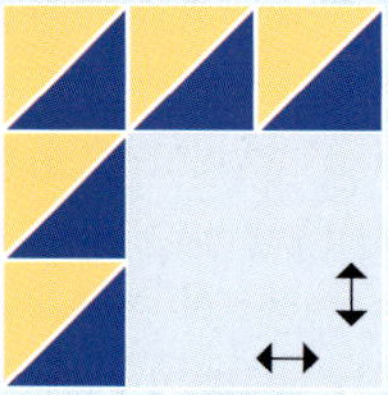

Zusammensetzen eines Blockes A = 2 x und 2 x gegengleich nähen:
Die zusammengesetzten Quadrate und ein weiß-blau-geblümtes Quadrat laut Abbildung zum Block zusammensetzen.

Block B

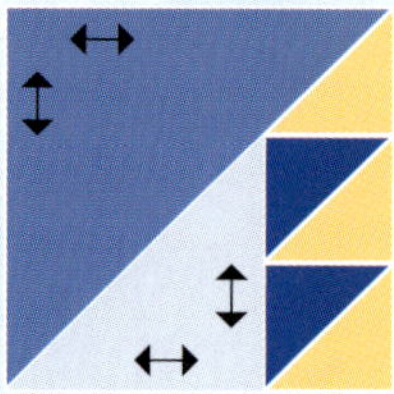

Zusammensetzen eines Blockes B = 4 x und 4 x gegengleich nähen:
Die zusammengesetzten Quadrate, ein kleines gelbes Dreieck **1**, ein mittleres weiß-blau-geblümtes Dreieck **2** und ein großes blau-gelb-geblümtes Dreieck **4** laut Abbildung zum Block zusammensetzen.

Block C

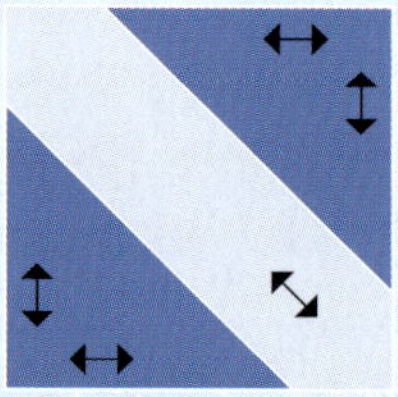

Zusammensetzen eines Blockes C = 2 x und 2 x gegengleich nähen:
An beide Längsseiten des Streifens mit Spitze je ein mittleres Dreieck **3** mit den Diagonalen annähen

Schemazeichnung - gesamte Vorderseite

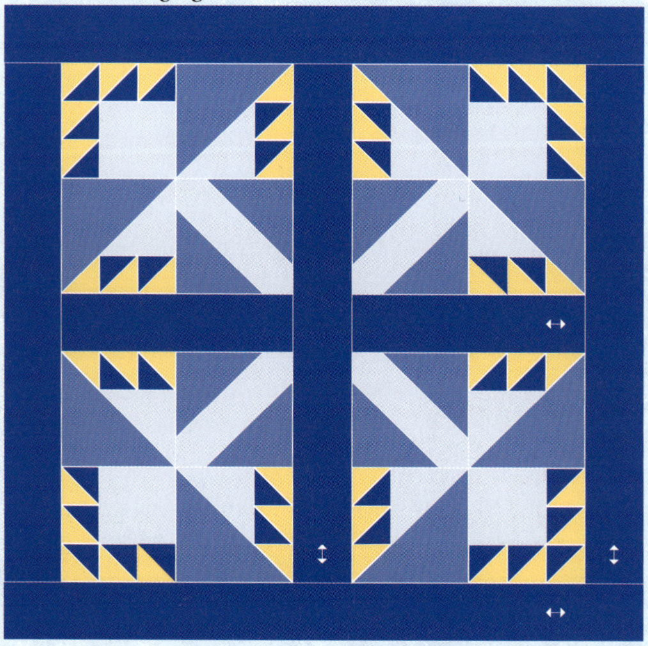

Zusammensetzen gesamtes Mittelteil:
Laut Schemazeichnung 4 x einen Block **A**, 2 Blöcke **B** und einen Block **C** zu 4 Patchwork-Blöcken zusammennähen. Dann die 4 Patchwork-Blöcke mit den Zwischenstreifen zum gesamten Mittelteil zusammensetzen.
Randstreifen ansetzen:
Zuerst die beiden etwas kürzeren blauen Streifen an die seitlichen Ränder, dann die beiden langen blauen Streifen an den oberen und unteren Rand nähen.

Fertigstellung:

Zuerst die Vlieseline auf die linke Stoffseite der Rückseite bügeln. Danach die Rückseite und Vorderseite rechts auf rechts aufeinander legen und an allen 4 Seiten zusammennähen, dabei zum Wenden eine kleine Öffnung lassen. Öffnung schließen. Alle weiß-blau-geblümten Teile sowie die Übergänge zu den Randstreifen in den Nahtlinien zusammensteppen.

Praktisches für die Küche

Schürze in Blau-Gelb

**

Größe: 64 x 72 cm

Material:

50 cm Blau
50 cm Gelb-geblümt
10 cm Weiß-blau-geblümt
20 cm Blau-gelb-geblümt
Alle Stoffe sind je 115 cm breit.

• ***Zubehör:***
Siehe Material- und Werkzeugliste auf Seite 6/7.

Vorbereiten:

Zuerst die Dreieck-Schablone vorbereiten (siehe Material- und Werkzeugliste von Seite 6/7 sowie Lehrgang auf Seite 62). Dafür ein Quadrat von 8 x 8 cm aufzeichnen und dieses Quadrat in der Diagonalen durchschneiden. 1 Dreieck hiervon ergibt die Dreieck-Schablone.

Zuschneiden:

Nahtzugabe inklusive 0,75 cm. An den Schablonen zusätzlich je 0,75 cm Nahtzugabe an allen Seiten zugeben.

Zuschneiden von Dreiecken ohne Schablonen:
Je ein Quadrat von 10,5 x 10,5 cm zuschneiden und diese Quadrate je 1 x in der Diagonalen durchschneiden. Dies ergibt je 2 Dreiecke.

Teile für die Taschen zuschneiden:
3 Streifen von 5,5 x 50 cm in Blau-gelb-geblümt.
2 Streifen von 5,5 x 50 cm in Weiß-blau-geblümt.

1. unterer Randstreifen zuschneiden:
1 Streifen von 6,5 x 73,5 cm in Blau-gelb-geblümt.

2. unterer Randstreifen zuschneiden:
Je 9 Dreiecke in Blau und Gelb-gemustert.

Restliche Schürzenteile zuschneiden:
2 Rechtecke von 23 x 49,5 cm in Gelb-gemustert.
1 Rechteck von 27,5 x 49,5 cm in Blau.

Einfassblenden zuschneiden:
2 Streifen von 5 x 23 cm in Blau.
2 Streifen von 5 x 49,5 cm in Blau.

Bund zuschneiden:
1 Streifen von 8 x 73,5 cm in Blau.

Bindebänder zuschneiden:
2 Streifen von 7,5 x 55 cm in Gelb-gemustert.

Saum zuschneiden:
1 Streifen von 15 x 73,5 cm in Gelb-gemustert.

Zusammensetzen:

Zusammensetzen - 2. unterer Randstreifen:
Zuerst 9 x je ein kleines blaues und gelb-gemustertes Dreieck an den Diagonalen zu Quadraten zusammennähen.

Danach alle 9 zusammengesetzte Quadrate nebeneinander zusammensetzen.

Zusammensetzen und Auseinanderschneiden - Streifenfläche für Taschen:
Zuerst je drei 50 cm lange blau-gelb-geblümte und zwei 50 cm lange weiß-blau-geblümte Streifen abwechselnd an den Längsseiten zusammennähen. Danach die Unebenheiten am linken Rand abschneiden und aus dieser Streifenfläche 2 Rechtecke von je 23 cm Länge abschneiden = 2 Taschen.

Steifenfläche für Tasche

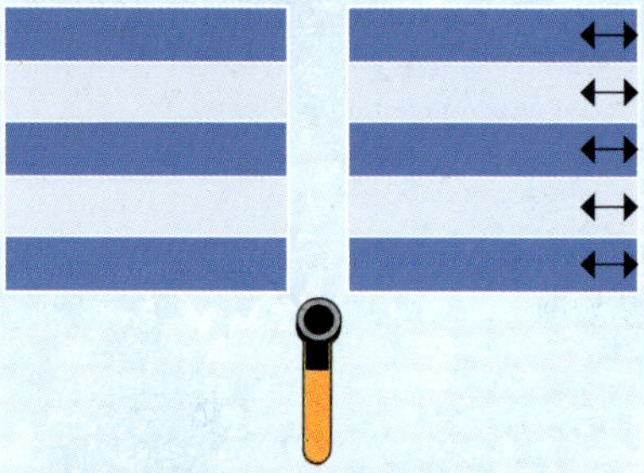

Zusammensetzen - oberer Teil der Schürze:
Obere Taschenränder mit den Einfassblenden einfassen. Dafür die blauen Streifen rechts auf rechts an den oberen Taschenrand steppen. Nach 1,5 cm Blendenhöhe einen Bruch bügeln. Offene Nahtzugaben nach innen bügeln. Blenden nach hinten wenden und in den Nahtlinien feststeppen. Laut Schemazeichnung die Taschen links auf rechts mittig auf die beiden gelb-gemusterten Rechtecke stecken, eventuell anheften und den unteren Rand ansteppen. Dann ein gelb-gemustertes Rechteck mit Tasche, ein blaues Rechteck und ein gelb-gemustertes Rechteck mit Tasche zusammennähen. Nun die seitlichen Ränder mit den Einfassblenden einfassen.

Randstreifen ansetzen:
Die 1. und 2. Randstreifen laut Schemazeichnung an den unteren Schürzenrand nähen.

Schemazeichnung – gesamte Vorderseite

Fertigstellung:

Alle offenen Kanten mit schmalen Zick-Zack-Stichen oder einer Overlock-Nähmaschine versäubern. Eine Längsseite des Saumes 1 cm breit nach innen bügeln. Saum rechts auf rechts auf den unteren Schürzenrand legen und am unteren Rand sowie an den seitlichen Rändern annähen. Saum nach hinten wenden. Umgebügelte Kante mit Saumstichen von Hand annähen. Am oberen Schürzenrand innerhalb der gelben Rechtecke je 2 Falten, innerhalb des blauen Rechteckes beidseitig je 1 Falte von 1 cm Tiefe legen und festheften. Beide Längsseiten des Bundes je 0,75 cm breit nach innen bügeln, über den oberen Schürzenrand schieben, dabei die äußeren je 4 cm des Bundes überstehen lassen. Bund auf- bzw. Enden zusammensteppen. Schmalseiten ebenfalls nach innen bügeln. An je einer Schmalseite der beiden Bindebänder je eine Tütenecke nähen. Dafür diese Schmalseiten und die beiden Längsseiten 1 x 0,5 cm und 1 x 0,75 cm breit nach innen bügeln und steppfüßchenbreit feststeppen. Danach laut Abbildung **1** die Bindebänder an dieser Schmalseite zur Hälfte falten und je eine gerade Naht steppen. Nahtzugaben auseinanderstreichen und laut Abbildung **2** an den Spitzen je eine kleine Tüte legen, nicht abschneiden. Ecke wenden, dabei die Nahtzugabe mit den Fingerspitzen festhalten. Spitzen mit einer Sticknadel vorsichtig herausziehen.

Abblildung 1

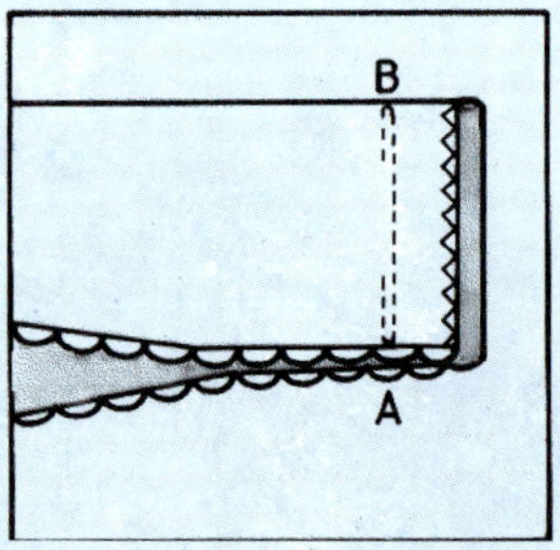

Abblildung 2

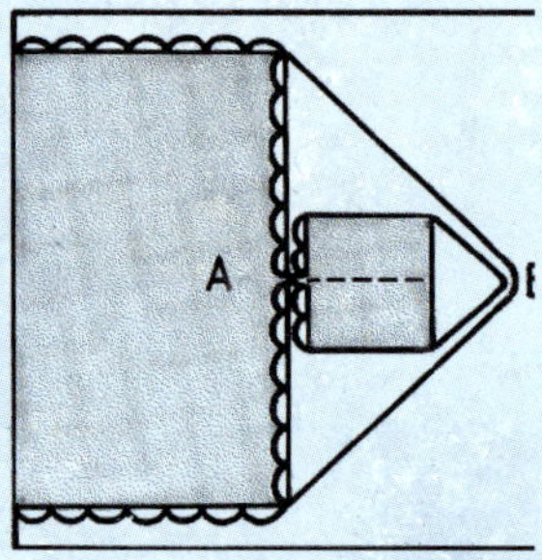

An den offenen Schmalseiten der Bindebänder 2 Falten legen, offene Schmalseiten in die offenen Enden des Bundes schieben und feststeppen.

Kleine Küchenhelfer

2 Topflappen in Blau-Gelb

**

Größe: 26,5 x 26,5 cm

Material:

- ***Für die Vorder- und Rückseite beider Topflappen:***
  30 cm Blau
  30 cm Gelb-geblümt
  20 cm Weiß-blau-geblümt
  20 cm Blau-gelb-geblümt
  Alle Stoffe sind je 115 cm breit.
  Für die Einlage:
  60 x 90 cm Vlieseline Volumenvlies-Thermolam
- ***Zubehör:***
  Siehe Material- und Werkzeugliste auf Seite 6/7.

Vorbereiten:

Siehe Schürze von Seite 10/11.

Zuschneiden:

Nahtzugabe inklusive 0,75 cm. An den Schablonen zusätzlich je 0,75 cm Nahtzugabe an allen Seiten zugeben.

Zuschneiden von Dreiecken ohne Schablonen:
Siehe Schürze von Seite 10/11.

<u>Zuschnitt für beide Topflappen:</u>

Teile für das gesamte Mittelteil - Patchwork-Block zuschneiden:
Je 8 Dreiecke in Blau und Gelb-gemustert.

Randstreifen zuschneiden:
Je 4 Streifen von 5,5 x 50 cm in Blau-gelb-geblümt und Weiß-blau-geblümt.
8 Quadrate von 5,5 x 5,5 cm in Blau.

Rückseite zuschneiden:
2 Quadrate von ca. 30 x 30 cm in Blau.

Einlage zuschneiden:
4 Quadrate von ca. 30 x 30 cm Volumenvlies-Thermolam.

Einfassblenden zuschneiden:
Je 2 Streifen von 4,5 x 25,5 cm in Blau und Gelb-gemustert.
Je 1 Streifen von 4,5 x 28 cm in Blau und Gelb-gemustert.
Je 1 Streifen von 4,5 x 38 cm in Blau und Gelb-gemustert.

Zusammensetzen:

Zuerst 8 x je ein kleines blaues und gelb-gemustertes Dreieck an den Diagonalen zu Quadraten zusammennähen.

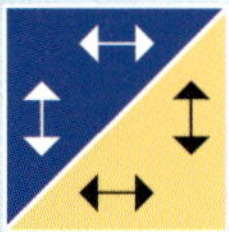

Zusammensetzen eines Patchwork-Blockes = 2 x nähen:
Die zusammengesetzten Quadrate laut Schemazeichnung zum Block zusammensetzen.

Randstreifen zusammensetzen = 2 x nähen:
Abwechselnd je 2 blau-gelb-gemusterte und weiß-blau-gemusterte Streifen an den Längsseiten zusammennähen. Danach die Unebenheiten am linken Rand abschneiden und aus dieser Streifenfläche 4 Segmente (= Streifen) in einer Breite von 5,5 cm abschneiden.

Streifenfläche für Randstreifen

An 2 dieser Streifen beidseitig je ein blaues Quadrat annähen.

Randstreifen ansetzen:
Zuerst die beiden Streifen ohne blaue Quadrate an die seitlichen Ränder, dann die beiden Streifen mit den blauen Quadraten an den oberen und unteren Rand nähen.

Schemazeichnung - gesamte Vorderseite

Zusammensetzen der Lagen:

Siehe Lehrgang auf Seite 65. Das Volumenvlies doppelt verwenden; dann sind die Topflappen hitzebeständiger.

Quilten:

Innerhalb jedes Patchwork-Blockes 2 blaue diagonale Linien quilten. Außerdem den Übergang zu den Randstreifen in den Nahtlinien quilten.

Fertigstellung:

Die Rückseite und die Einlage auf Größe des Vorderteils zurückschneiden. Dann zuerst die kurzen Einfassblenden an die seitlichen Ränder nähen (= an einem Topflappen in Blau, am anderen in Gelb). Anschließend den mittellangen Streifen an den unteren Rand nähen. Zuletzt den langen Streifen an den oberen Rand nähen, dabei das überstehende Ende als Aufhängeschlaufe auf der Rückseite festnähen.

Pastelltöne fürs Babyzimmer

Plaid mit Karos und Patchwork-Block mit Strauß

**

Größe: 122 x 152 cm

Material:

- ***Für die Vorderseite:***
  30 cm Gelb-geblümt
  30 cm Mint-geblümt
  30 cm Natur-hellblau-geblümt
  30 cm Hellgelb-rosa-geblümt
  30 cm Weiß-hellblau-mint-gelb-geblümt
  30 cm Rosa-gelb-geblümt
  40 cm Rosa-weiß-kleinkariert
  40 cm Hellgrün-weiß-kleinkariert
  40 cm Hellblau-weiß-kleinkariert
  150 cm Weiß Ton-in-Ton-geblümt
  5 x 5 cm Orange-geblümt
- ***Für die Rückseite:***
  180 cm Weiß
  Die Stoffe für die Vorderseite sind je 115 cm, der Stoff für die Rückseite ist 140 cm breit.
- ***Für die Einlage:***
  160 x 150 cm Vlieseline Volumenvlies 281.
- ***Zubehör:***
  Siehe Material- und Werkzeugliste auf Seite 6/7

Vorbereiten:

Zuerst die kleine und große Dreieck-Schablone vorbereiten (siehe Material- und Werkzeugliste von Seite 6/7 sowie Lehrgang auf Seite 62). Für die kleine Dreieck-Schablone ein Quadrat von 2,5 x 2,5 cm, für die große Dreieck-Schablone ein Quadrat von 7,5 x 7,5 cm aufzeichnen und diese Quadrate je 1 x in der Diagonalen durchschneiden. Je 1 Dreieck hiervon ergeben die kleine und große Dreieck-Schablone.

Zuschneiden:

Nahtzugabe inklusive 0,75 cm. An den Schablonen zusätzlich je 0,75 cm Nahtzugabe an allen Seiten zugeben.

Zuschneiden von Dreiecken ohne Schablonen:
Für die kleinen Dreiecke je ein Quadrat von 5 x 5 cm, für die großen Dreiecke je ein Quadrat von 10 x 10 cm zuschneiden und diese Quadrate je 1 x in der Diagonalen durchschneiden. Dies ergibt je 2 kleine und große Dreiecke.

Streifen für die Streifenflächen I - III zuschneiden:
Je 4 Streifen von je 6,5 x 100 cm oder der gesamten Stoffbreite in Gelb-geblümt, Mint-geblümt, Natur-hellblau-geblümt, Hellgelb-rosa-geblümt, Weiß-hellblau-mint-gelb-geblümt und Rosa-gelb-geblümt.

Große Quadrate für das Mittelteil und die 2. Randstreifen zuschneiden:
27 Quadrate von je 11,5 x 11,5 cm in Rosa-weiß-kleinkariert.
24 Quadrate von je 11,5 x 11,5 cm in Hellgrün-weiß-kleinkariert.
26 Quadrate von je 11,5 x 11,5 cm in Hellblau-weiß-kleinkariert.

Teile für den Patchwork-Block mit Strauß zuschneiden:
Je 2 kleine Dreiecke in Mint-geblümt, Natur-hellblau-geblümt, Hellgelb-rosa-geblümt, Weiß-hellblau-mint-gelb-geblümt und Rosa-weiß-kleinkariert.
Je 1 kleines Dreieck in Hellgrün-kleinkariert, Hellblau-kleinkariert und Orange-geblümt.
3 kleine Dreiecke in Gelb-geblümt.
13 kleine Dreiecke in Weiß-gemustert.
1 großes Dreieck in Weiß-gemustert.
3 Quadrate von je 4 x 4 cm in Weiß-gemustert.
1 Quadrat von 4 x 4 cm in Natur-hellblau-geblümt.
1 Quadrat von 6,5 x 6,5 cm in Weiß-gemustert.
1 Rechteck von 6,5 x 9 cm in Weiß-gemustert.
1 Rechteck von 6,5 x 11,5 cm in Weiß-gemustert.
1 Rechteck von 6,5 x 14 cm in Weiß-gemustert.
1 Rechteck von 4 x 9 cm in Weiß-gemustert.
1 Rechteck von 4 x 6,5 cm in Gelb-gemustert.
1 Rechteck von 6,5 x 11,5 cm in Gelb-gemustert.

1. Randstreifen zuschneiden:
2 Streifen von je 6,5 x 91,5 cm in Weiß-gemustert.
2 Streifen von je 6,5 x 131,5 cm in Weiß-gemustert.

Rückseite zuschneiden:
1 Rechteck von ca. 130 x 160 cm in Weiß.

Einlage zuschneiden:
1 Rechteck von ca. 130 x 160 cm Volumenvlies.

Einfassblende zuschneiden:
1 Streifen von 5,5 x 550 cm in Weiß-gemustert.
Für diesen Streifen zuvor 6 Streifen von 5,5 x 100 cm zuschneiden und die Schmalseiten zusammennähen (siehe auch Abb. und Erklärung auf Seite 66 rechts unten). Danach diesen Streifen auf eine Länge von 550 cm zurückschneiden.

Zusammensetzen:

Zusammensetzen von 26 Viererblöcken I:
Zuerst 4 x je einen gelb-geblümten und mintgeblümten Streifen an den Längsseiten zu 4 Streifenflächen **I** zusammennähen. Danach die Unebenheiten an den linken Kanten abschneiden und aus den 4 Streifenflächen 52 Segmente (= Streifen) in einer Breite von je 6,5 cm abschneiden.

Streifenfläche I auseinanderschneiden

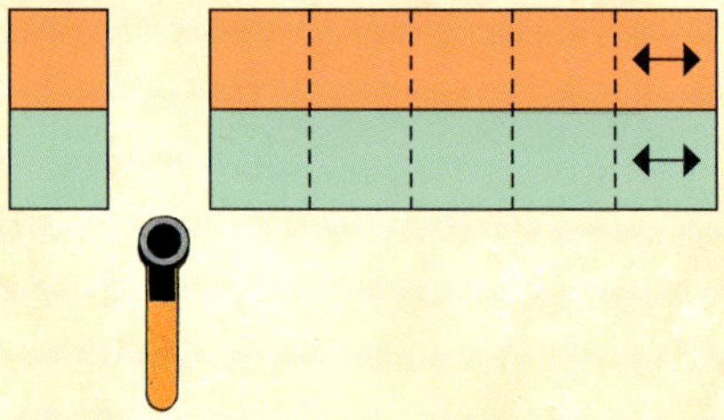

... weiter gehts auf Seite 16 ...

Pastelltöne fürs Babyzimmer

Schemazeichnung 1:
Viererblock I

Anschließend laut Schemazeichnung **1** insgesamt 26 x je 2 solcher Segmente versetzt zu 26 Viererblöcken zusammensetzen.

Zusammensetzen von 26 Viererblöcken II:
Zuerst 4 x je einen natur-hellblau-geblümten und gelb-rosa-geblümten Streifen an den Längsseiten zu 4 Streifenflächen **II** zusammennähen.

Streifenfläche II auseinanderschneiden

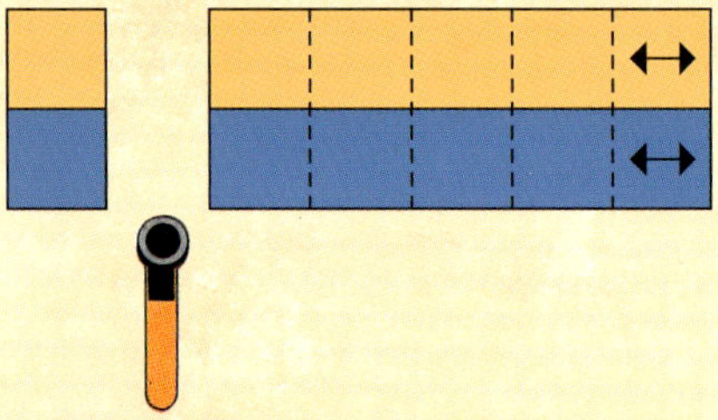

Schemazeichnung 2:
Viererblock II

Danach die Teile wie bei den Viererblöcken **I** auseinanderschneiden und zusammensetzen, jedoch die Farben der Schemazeichnung **2** entnehmen.

Zusammensetzen von 25 Viererblöcken III:
Zuerst 4 x je einen weiß-hellblau-mint-gelb-geblümten und einen rosa-gelb-geblümten Streifen an den Längsseiten zu 4 Streifenflächen **III** zusammennähen.

Streifenfläche III auseinanderschneiden

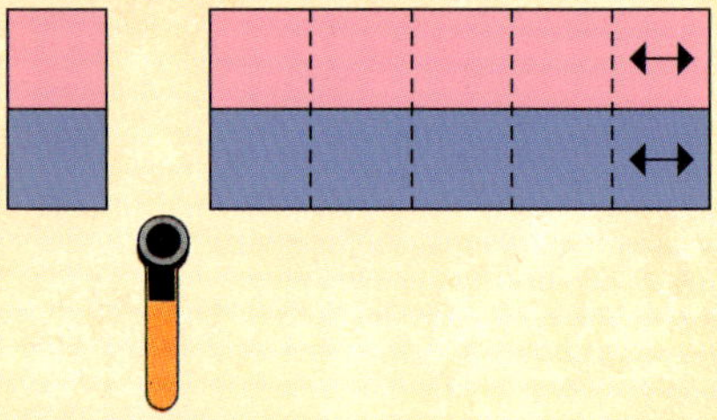

Schemazeichnung 3:
Viererblock III

Danach die Teile wie bei den Viererblöcken **I** auseinanderschneiden und zusammensetzen, jedoch die Farben der Schemazeichnung **3** entnehmen. Es werden jedoch pro Farbe nur 50 Segmente abgeschnitten und zu 25 Viererblöcken zusammengesetzt.

Zusammensetzen - Patchwork-Block mit Strauß:

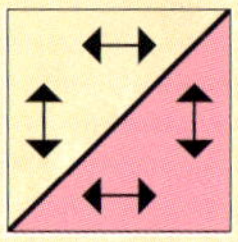

Laut Schemazeichnung **4** zuerst 13 x je 2 kleine Dreiecke an den Diagonalen zu je einem Quadrat zusammensetzen.

Danach je 6 zusammengesetzte Quadrate und 3 kleine Dreiecke zusammennähen. Anschließend an den oberen Rand noch 1 großes weiß-gemustertes Dreieck ansetzen = Rechteck **1**.
Dann je 1 zusammengesetztes Quadrat, ein kleines weißes Quadrat und ein 6,5 x 9 cm großes weißgemustertes Rechteck zusammennähen = Rechteck **2**.
Nun 4 zusammengesetzte Quadrate, 2 kleine weißgemusterte Quadrate und das gelb-geblümte Rechteck zusammennähen = Rechteck **3**.
Anschließend ein zusammengesetztes Quadrat, ein 4 x 9 cm und ein 6,5 x 11,5 cm großes Rechteck zusammensetzen = Rechteck **4**.
Danach ein zusammengesetztes Quadrat, ein kleines natur-hellblau-gemustertes Quadrat, ein 6,5 x 6,5 cm großes weiß-gemustertes Quadrat und ein 6,5 x 14 cm großes weiß-gemustertes Rechteck zusammennähen = Rechteck **5**.
Dann diese Rechtecke zusammensetzen. Innerhalb der Schemazeichnung **5** finden Sie den gesamten Block.

Schemazeichnung 4:
Zusammennähen der einzelnen Teile zum Patchwork-Block mit Strauß:

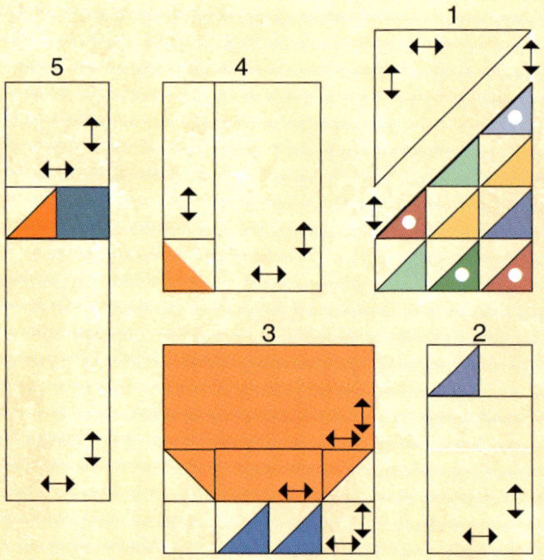

Zusammensetzen gesamtes Mittelteil:
Laut Schemazeichnung **5** zuerst 7 x je 12 Viererblöcke bzw. karierte große Quadrate zu den Reihen **1 - 6** sowie der Reihe **9**, bei den Reihen **7** und **8** insgesamt 2 x je 9 Viererblöcke bzw. karierte große Quadrate zu 2 Reihen jeweils untereinander zusammensetzen. Dann die Reihen **7** und **8** nebeneinander zusammennähen. An den unteren Rand noch den Patchwork-Block mit Strauß ansetzen. Dann noch 1 kariertes Quadrat und einen Viererblock nebeneinander zusammennähen und dieses Rechteck am unteren Rand des Patchwork-Blockes ansetzen. Anschließend die 9 Reihen nebeneinander zum gesamten Mittelteil zusammennähen.
Zusammensetzen 2. Randstreifen:
Laut Schemazeichnung **5** zuerst 2 x je 10 karierte große Quadrate bzw. Viererblöcke nebeneinander zu 2 kurzen Streifen, dann 2 x je 15 karierte große Quadrate bzw. Viererblöcke untereinander zu 2 langen Streifen zusammennähen.
1. und 2. Randstreifen ansetzen:
Laut Schemazeichnung **5** jeweils die kurzen Streifen an den oberen und unteren Rand, dann die langen Streifen jeweils an die seitlichen Ränder nähen.

Zusammensetzen der Lagen:

Siehe Lehrgang auf Seite 65.

Quilten:

Innerhalb der großen karierten Quadrate von links unten nach rechts oben je eine diagonale Linie quilten. Innerhalb der Viererblöcke der 2. Randstreifen von rechts unten nach links oben je eine diagonale Linie quilten.

Fertigstellung:

Die Rückseite und die Einlage auf Vorderteilgröße zurückschneiden. Einfassblende an der linken Schmalseite 1 cm breit nach innen, dann die Längsseiten links auf links doppelt bügeln. Die doppelten Einfassblenden mit den offenen Kanten rechts auf rechts an die Außenkanten stecken und ansteppen. Blenden zur Hälfte auf die Rückseite wenden, dabei an den Ecken je eine schöne Ecke legen und mit kleinen Saumstichen annähen.

Schemazeichnung 5: Aufbau gesamte Vorderseite

Vogel Strauß lässt grüßen

Kissen mit Karos und Patchwork-Block mit Strauß

**
Größe: 40 x 40 cm

Material:

- ***Für die Vorder- und Rückseite:***
  10 x 50 cm Gelb-geblümt
  10 x 40 cm Mint-geblümt
  50 x 115 cm Natur-hellblau-geblümt
  10 x 40 cm Hellgelb-rosa-geblümt
  10 x 40 cm Weiß-hellblau-mint-gelb-geblümt
  10 x 50 cm Rosa-gelb-geblümt
  15 x 35 cm Rosa-weiß-kleinkariert
  15 x 35 cm Hellgrün-weiß-kleinkariert
  15 x 35 cm Hellblau-weiß-kleinkariert
  15 x 115 cm Weiß Ton-in-Ton-geblümt
  5 x 5 cm Orange-geblümt
  Die Stoffe sind je 115 cm breit.
- ***Für die Einlage:***
  50 x 50 cm Vlieseline Volumenvlies 280.
- ***Zubehör:***
  Siehe Material- und Werkzeugliste auf Seite 6/7
- ***Zusätzliches Zubehör:***
  1 passendes Innenkissen.

Vorbereiten:

Siehe Plaid mit Karos und Patchwork-Block mit Strauß von Seite 14-17.

Zuschneiden:

Nahtzugabe inklusive 0,75 cm. An den Schablonen zusätzlich je 0,75 cm Nahtzugabe an allen Seiten zugeben.
Zuschneiden von Dreiecken ohne Schablonen:
Siehe Plaid mit Karos und Patchwork-Block mit Strauß von Seite 14.
Streifen für die Streifenflächen I-III zuschneiden:
Je 1 Streifen von je 6,5 x 30 cm in Gelb-geblümt, Mint-geblümt, Natur-hellblau-geblümt, Hellgelb-rosa-geblümt, Weiß-hellblau-mint-gelb-geblümt und Rosa-gelb-geblümt.
Große Quadrate für Randstreifen zuschneiden:
Je 2 Quadrate von je 11,5 x 11,5 cm in Rosa-weiß-kleinkariert, Hellgrün-weiß-kleinkariert und Hellblau-weiß-kleinkariert.
Teile für den Patchwork-Block mit Strauß zuschneiden: Siehe Plaid von Seite 14.
Rückseite für das vordere Patchwork-Teil zuschneiden:
1 Quadrat von ca. 45 x 45 cm in Natur-hellblau-geblümt.
Einlage zuschneiden:
1 Quadrat von ca. 45 x 45 cm Volumenvlies.
Kissen-Rückseite zuschneiden:
1 Rechteck von 41,5 x 25 cm und 1 Rechteck von 41,5 x 30 cm in Natur-hellblau-geblümt.

Zusammensetzen:

von je 2 Viererblöcken I, II und III:
Siehe Plaid mit Karos und Patchwork-Block mit Strauß, jedoch aus den Streifenflächen **I - III** nur je 4 Segmente abschneiden und versetzt zu je 2 Viererblöcken **I - III** zusammennähen.
Patchwork-Block mit Strauß zusammensetzen:
Siehe Plaid von Seite 14, jedoch die Teile für den Block gegengleich zusammensetzen, so dass der Strauß nach rechts schaut (siehe Schemazeichnung).
Randstreifen zusammensetzen:
Laut Schemazeichnung zuerst 2 x je 1 kariertes großes Quadrat bzw. je einen Viererblock nebeneinander zu 2 kurzen Streifen, dann 2 x je 2 karierte große Quadrate und 2 Viererblöcke untereinander zu 2 langen Streifen zusammennähen.
Randstreifen ansetzen:
Laut Schemazeichnung jeweils die kurzen Streifen an den oberen und unteren Rand, dann die langen Streifen jeweils an die seitlichen Ränder des Patchwork-Blockes nähen.

Schema A: Aufbau gesamte Vorderseite

Zusammensetzen der Lagen:

Siehe Lehrgang auf Seite 65.

Quilten:

Innerhalb der großen karierten Quadrate von rechts unten nach links oben je eine diagonale Linie quilten. Innerhalb der Viererblöcke der Randstreifen von links unten nach rechts oben je eine diagonale Linie quilten. Konturen des Straußes sowie Übergänge zu den Randstreifen jeweils in den Nahtlinien quilten.

Fertigstellung:

Die Rückseite des vorderen Patchwork-Teiles und die Einlage auf Größe des Vorderteils zurückschneiden. Offene Kanten aller Teile mit schmalen Zick-Zack-Stichen oder einer Overlock-Nähmaschine versäubern. Je eine Längsseite der Rückseiten-Rechtecke säumen. Kissen-Rückseite überlappend rechts auf rechts auf die Vorderseite legen, so dass sie bündig mit den Kanten des vorderen Quadrates sind. Alle 4 Kanten zusammennähen. Kissenhülle wenden.

Pfiffiges für Sauna oder Bad

Saunatuch mit Seminole Bordüre

***
Größe: 75 x 200 cm
Breite der Seminole-Bordüre: 17 cm

Material:

30 cm Ockergelb-gold-gemustert
20 cm Rot-gold-gemustert
20 cm Grün-gold-gemustert
Die Stoffe sind je 115 cm breit.

- ***Zubehör:***
  Siehe Material- und Werkzeugliste auf Seite 6/7.
- ***Zusätzliches Zubehör:***
  1 Saunatuch 75 x 200 cm groß.

Zuschneiden:

Nahtzugabe inklusive 0,75 cm.

Zuschneiden der Streifen für die Seminole-Bordüre:

4 Streifen von je 4 x 100 cm in Ockergelb-gold-gemustert.
4 Streifen von je 2,25 x 100 cm in Rot-gold-gemustert.
2 Streifen von je 3,25 x 100 cm in Grün-gold-gemustert.

Zuschneiden der Bordüren-Randstreifen:

2 Streifen von je 2,25 x 77 cm in Rot-gold-gemustert.
2 Streifen von je 2,75 x 77 cm in Grün-gold-gemustert.
2 Streifen von je 3 x 77 cm in Ockergelb-gemustert.

Zusammensetzen:

Zusammensetzen der Seminole-Bordüre:

Zuerst je einen ockergelben, roten, grünen, roten und ockergelben Streifen an den Längsseiten zusammennähen.

Die Nähte des 1. und 3. Streifens in eine Richtung, des 2. und 4. Streifens in die entgegengesetzte Richtung bügeln. Beim Bügeln die Streifen bitte senkrecht auf das Bügelbrett legen (siehe auch Lehrgang auf Seite 65).

Danach im Abstand von je 4 cm diagonale Segmente (= Streifen) im 45-Grad-Winkel abschneiden.

Anschließend die Segmente versetzt wieder zusammennähen. Die Pfeile geben an, an welchen Stellen die Teile exakt aufeinander treffen.

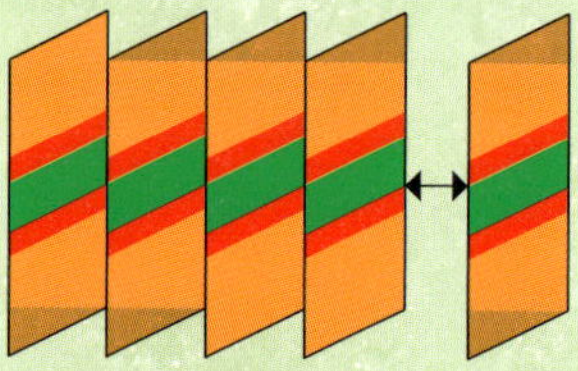

Nähte in eine Richtung bügeln. Auf diese Weise so viele Segmente zusammennähen., dass ein Streifen von mindestens 77 cm Länge entsteht.Nun den zusammengesetzten Streifen auf eine Breite von 10 cm gerade schneiden.

Randstreifen ansetzen:

Laut Schemazeichnung (Seite 22) nacheinander je einen roten, grünen und ockergelben Streifen an den oberen und unteren Rand der Seminole-Bordüre nähen.

Fertigstellung:

Alle Außenkanten mit schmalen Zick-Zack-Stichen oder einer Overlock-Nähmaschine versäubern. Außenkanten 1 cm breit nach innen bügeln und eventuell anheften. Bordüre ca. 10 cm vom unteren Handtuchrand entfernt aufsteppen. Außerdem die Seminole-Bordüre ca. 0,5 cm von den Randstreifen entfernt absteppen.

... weiter gehts auf Seite 22 ...

Sauna

Noch mehr Badevergnügen

Aufbau Seminole-Bordüre inklusive Randstreifen

Säckchen

*

Größe: 30 x 40 cm

Material:

50 cm Bunt-gold-gemusterter Stoff
Der Stoff ist 115 cm breit.

- ***Zubehör:***
  Siehe Material- und Werkzeugliste auf Seite 6/7.
- ***Zusätzliches Zubehör:***
  Ca. 100 cm rote Kordel.

Zuschneiden:

Nahtzugabe inklusive 1 cm.
Für die Vorder- und Rückseite:
2 Rechtecke von je 32 x 44 cm.

Ausführung:

Alle Außenkanten mit schmalen Zick-Zack-Stichen oder einer Overlock-Nähmaschine versäubern. Rechtecke rechts auf rechts aufeinanderlegen und an den Seitennähten sowie dem unteren Rand zusammennähen, dabei an der linken Seitennaht die oberen je 4 cm offen lassen. Säckchen wenden. Offene Seitenkanten 1 cm breit nach innen bügeln. Obere Kanten 1 x 1 cm breit und nochmals 2 cm breit nach innen bügeln und 1,75 cm vom oberen Rand entfernt absteppen. Kordel durch die Öffnung ziehen. Kordel-Enden miteinander verknoten.

Verschlungene Wege

Wandbehang mit Log Cabin-Twist

****
Größe: 71 x 71 cm

Material:

- *Für die Vorder- und Rückseite und den Aufhängetunnel:*
  40 cm Dunkelblau-hellblau-natur-gemustert
  100 cm Natur-marmoriert
  50 cm Dunkelblau
  15 cm Weiß-Ton-in-Ton-gemustert
  4 x je 15 cm unterschiedliche natur-gemusterte Stoffe
  9 x je 10 cm unterschiedliche blau-gemusterte Stoffe von hell bis dunkel
  5 x je 10 cm unterschiedliche grau-gemusterte Stoffe von hell bis dunkel
  10 x je 10 cm unterschiedliche rot-gemusterte Stoffe von rosa über pink, von hellrot bis tief dunkelrot
  Die Stoffe sind je 115 cm breit.
- *Für die Einlage:*
  Ca 80 x 90 cm Vlieseline Volumenvlies 248.
- *Zubehör:*
  Siehe Material- und Werkzeugliste auf Seite 6/7.
- *Zusätzliches Zubehör:*
  45 x 60 cm Vlieseline Stickvlies, falls Sie nicht auf Papier nähen

Vorbereiten:

Dreieck-Schablonen:
Zuerst die Dreieck-Schablonen vorbereiten (siehe Material- und Werkzeugliste von Seite 6/7 sowie Lehrgang auf Seite 62). Für die Eck-Dreiecke ein Quadrat von 8,25 x 8,25 cm aufzeichnen und dieses Quadrat 1 x in der Diagonalen halbieren. 1 Dreieck hiervon ergibt die Eck-Dreieck-Schablone. Für die Rand-Dreiecke ein Quadrat von 16,25 x 16,25 cm aufzeichnen und dieses Quadrat 2 x in der Diagonalen halbieren. Eines dieser Dreiecke ergibt die Rand-Dreieck-Schablone.
Log Cabin-Twist Motiv:
Das Motiv entweder 13 x auf Stickvlies pausen, dabei zwischen den einzelnen Motiven genügend Abstand für die Nahtzugaben lassen oder mit dem Kopiergerät die erforderlichen Kopien anfertigen. Auf beiden Unterlagen können Sie gut nähen. **Achtung!** Die originalgroße Vorlage ist die Rückseite des Motivs, d.h.: sie ist seitenverkehrt und damit das Spiegelbild des Endproduktes. Außerdem alle Teile des Motivs einzeln auf Schnittpapier übertragen.

Zuschneiden:

Nahtzugabe inklusive 0,75 cm. An den Schnittteilen für die Motive ca. 1 cm Nahtzugabe an allen Seiten zugeben.

Zuschneiden von Dreiecken ohne Schablonen:
Für die Eck-Dreiecke je ein Quadrat von 10,75 x 10,75 cm zuschneiden und diese Quadrate je 1 x in der Diagonalen durchschneiden. Dies ergibt je 2 Eck-Dreiecke.
Für die Rand-Dreiecke je ein Quadrat von 19,75 x 19,75 cm zuschneiden und diese Quadrate je 2 x in der Diagonalen durchschneiden. Dies ergibt je 4 Rand-Dreiecke.
Teile für die Motive zuschneiden:
Die entsprechenden Schnittteile je 13 x auf die linke Stoffseite legen (Farben laut Schemazeichnung **1** bzw. Abbildung) und mit je ca. 1 cm Nahtzugabe an allen Seiten ausschneiden.
Tipp! Sie können hierbei auch Streifen in einer Breite von ca. 3 cm zuschneiden und diese nach dem Annähen zurechtschneiden. Dann müssen Sie nur das Mittelquadrat auf das Schnittpapier übertragen.
Rand- und Eck-Dreiecke zuschneiden:
4 Eck-Dreiecke und 8 Rand-Dreiecke in Dunkelblau-hellblau-natur-gemustert.
1. Randstreifen zuschneiden:
2 Streifen von je 3 x 50,5 cm und 2 Streifen von je 3 x 53,5 cm in Dunkelblau-hellblau-natur-gemustert.
2. Randstreifen zuschneiden:
2 Streifen von je 4 x 53,5 cm und 2 Streifen von je 4 x 58,5 cm in Natur-marmoriert.
3. Randstreifen zuschneiden:
2 Streifen von je 9,5 x 58,5 cm und 2 Streifen von je 9,5 x 74,5 cm in Dunkelblau.
Rückseite zuschneiden:
1 Quadrat von ca. 80 x 80 cm in Natur-marmoriert.
Einlage zuschneiden:
1 Quadrat von ca. 80 x 80 cm Volumenvlies.
Aufhängetunnel zuschneiden:
1 Streifen von 10 x 70 cm in Natur-marmoriert.

... weiter gehts auf Seite 26 ...

Originalgroßes Motiv

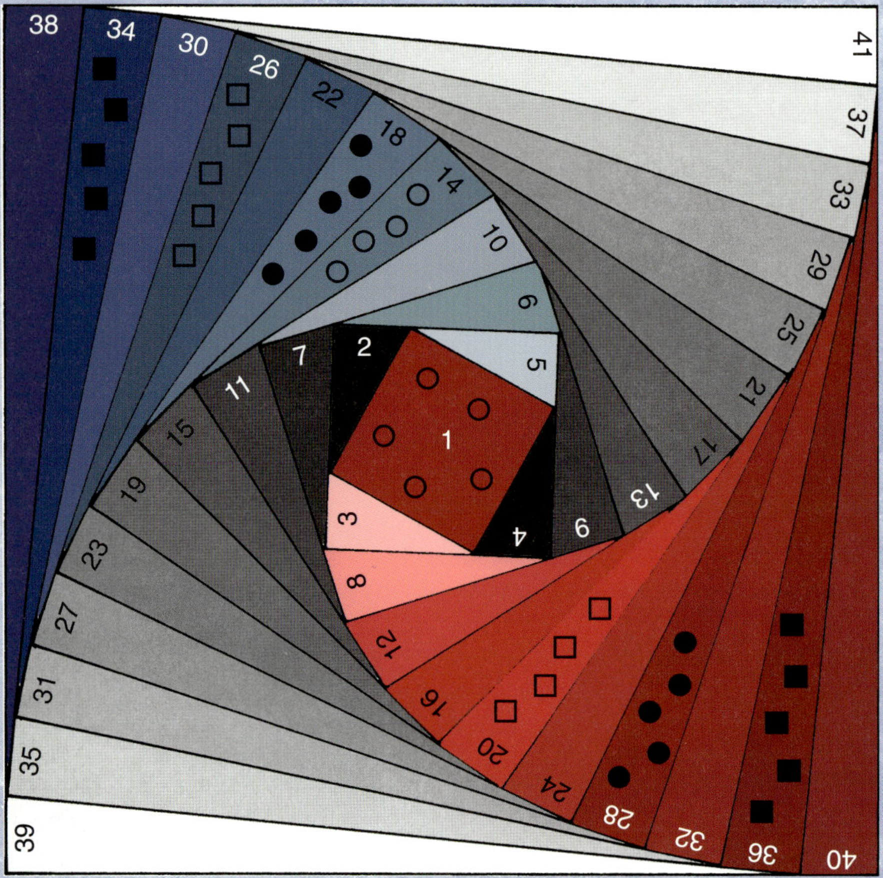

Zusammensetzen:

Zusammensetzen des Motivs (13 x arbeiten): Die einzelnen Teile in der nummerierten Reihenfolge nach und nach nähen. Die Farbfolge der Schemazeichnung **1** bzw. der Abbildung entnehmen. Die allerersten Stoffteile (= Quadrate) jeweils mit der rechten Seite nach oben zeigend auf die unmarkierte Seite des originalgroßen Motivs (Papier oder Vlies) legen und auf der markierten Seite an die Nählinie stecken. Dadurch kann geprüft werden, ob alle Nähte mit genügend Nahtzugabe abgedeckt sind und es entsteht gleichzeitig ein Anhaltspunkt, wo das nächste Teil angelegt werden muss. Jedes folgende Teil rechts auf rechts auf das vorherige Teil legen. Dann auf der markierten Seite mit kleinen Stichen (= die Nähmaschine auf Stichgröße **2** stellen) nähen. Am Anfang und Ende jeder Nählinie einige Stiche weiter nähen und den Nahtanfang sowie das Nahtende jeweils sichern. Nach dem Annähen kontrollieren, ob alle Seiten des Musters mit genügend Nahtzugabe abgedeckt sind. Die Nahtzugaben auf 0,75 cm zurückschneiden und auf eine Seite glatt bügeln oder glatt streichen. Nach dem Bügeln oder glatt streichen die soeben zusammengenähten Teile auf der markierten Seite mit Stecknadeln neu auf der Nählinie befestigen. Dies ist wichtig, falls sich die Teile beim Nähen etwas verzogen haben. Sind alle Teile angenäht, die überstehenden Ränder der Motive zurückschneiden, dabei die Nahtzugaben von 0,75 cm an den äußeren Rändern zugeben. Das Papier oder Stickvlies vorsichtig entfernen.

Zusammensetzen des gesamten Mittelteiles: Laut Schemazeichnung **1** zuerst die Motive und bei den Reihen **1, 2, 4** und **5** beidseitig je 1 Rand-Dreieck zu 5 Reihen zusammensetzen. Welche Farben der Motive zusammentreffen, bitte dem Foto bzw. der Schemazeichnung **1** entnehmen. Danach die 5 Reihen zu einer großen Fläche zusammennähen. Zuletzt an alle 4 Ecken noch je 1 Eck-Dreieck ansetzen, so dass sich ein großes Quadrat ergibt.

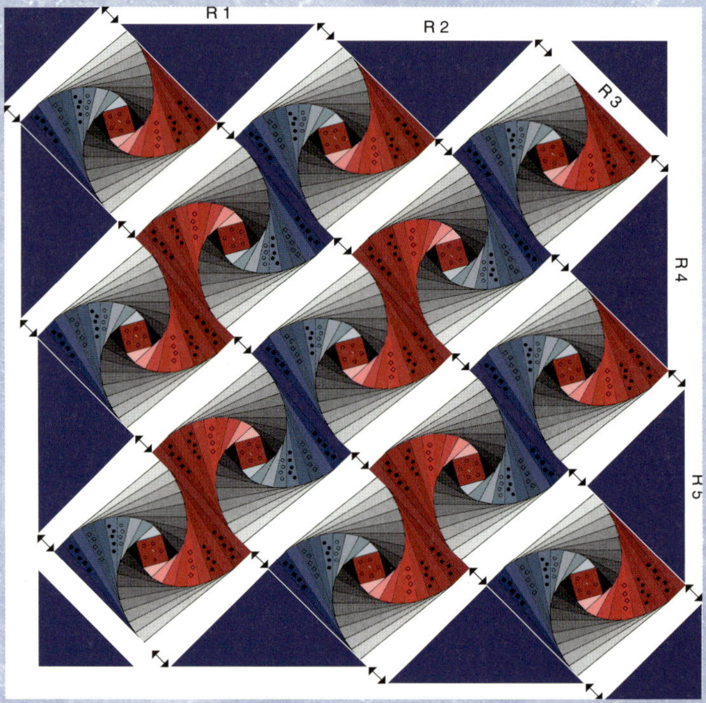

Schemazeichnung 1: Zusammensetzen der Reihen

Schemazeichnung 2: Aufbau der gesamten Vorderseite:

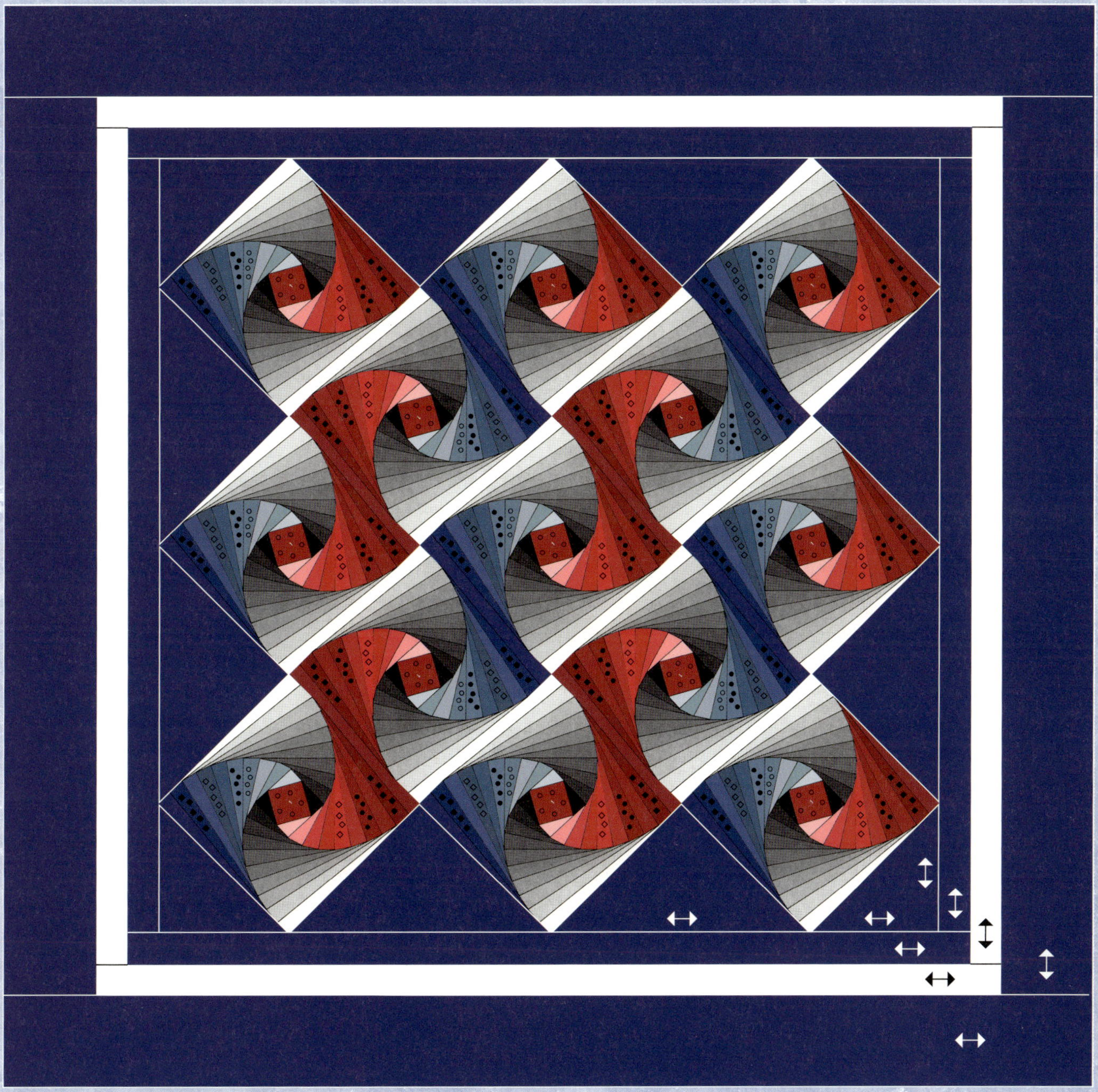

1., 2. und 3. Randstreifen ansetzen:
Laut Schemazeichnung **2** jeweils zuerst die etwas kürzeren Streifen an die seitlichen Ränder, dann die langen Streifen an den oberen und unteren Rand nähen.

Zusammensetzen der Lagen:

Siehe Lehrgang auf Seite 65.

Quilten:

Alle Umrandungen der Motive sowie die Übergänge zu den 1., 2. und 3. Randstreifen in den Nahtlinien quilten.

Fertigstellung:

Die Rückseite und die Einlage 1,75 cm kleiner als die Vorderseite zurückschneiden. Die Außenkanten der Vorderseite mit schmalen Zick-Zack-Stichen versäubern. Die Außenkanten vom oberen und unteren Rand 1 x 0,75 cm und nochmals 1 cm breit nach innen bügeln. Diese Kanten auf die Rückseite wenden und mit kleinen Saumstichen befestigen. Die Außenkanten der seitlichen Ränder genauso auf die Rückseite wenden und festnähen, dabei vor dem Wenden noch die Schmalseiten nach innen bügeln. Streifen für den Aufhängetunnel an den Längsseiten rechts auf rechts aufeinander legen und an allen 3 offenen Seiten zusammennähen, dabei ein Stück zum Wenden offen lassen. Streifen wenden. Öffnung schließen und den Aufhängetunnel mit kleinen Saumstichen auf der Rückseite des befestigen.

Die Wege werden länger

Wandbehang mit Log Cabin-Twist

****
Größe: 29 x 96,5 cm

Material:

- *Für die Vorder- und Rückseite und den Aufhängetunnel:*
  120 cm Natur
  10 verschiedene Lila-Töne von hell bis dunkel, dabei von den beiden hellsten Tönen je 15 cm, vom nächstfolgenden Ton 20 cm, von den darauffolgenden 4 mittleren Tönen je 10 cm,von den beiden dunkelsten Tönen je 5 cm
  50 x 6 cm Schwarz
  Alle Stoffe sind je 115 cm breit.
- *Für die Einlage:*
  Ca. 100 x 30 cm Vlieseline H410
- *Zubehör:*
  Siehe Material- und Werkzeugliste auf Seite 6/7.

Vorbereiten:

Log Cabin-Twist Motive:
Das Motiv **1** einmal in Originalgröße kopieren. Danach alle folgenden Motive **2 - 7** je 1 x vom Originalmotiv **1** kopieren, jedoch jedes Motiv je 10% kleiner als das vorherige Motiv kopieren. Motiv **7** ist das kleinste Motiv.
Achtung! Die originalgroßen Vorlagen sind die Rückseiten der Motive, das heißt: sie sind seitenverkehrt und damit das Spiegelbild des Endproduktes. Außerdem alle Teile des Motivs einzeln auf Schnittpapier übertragen.
Tipp! Je 2 sich gegenüberliegende Teile innerhalb der Originalvorlage sind gleich, so dass Sie diese jeweils nur 1 x auf Schnittpapier übertragen müssen.

Zuschneiden:

Nahtzugabe inklusive 0,75 cm, an den Schnitt-Teilen für die Motive ca. 1 cm Nahtzugabe zugeben.
Motivteile zuschneiden:
Die entsprechenden Schnitt-Teile je 2 x bzw. das schwarze Mittelquadrat 1 x auf die linke Stoffseite legen (Farben laut Schemazeichnung bzw. laut Abbildung) und mit je ca. 1 cm Nahtzugabe an allen Seiten ausschneiden. **Tipp!** Sie können hierbei auch Streifen in einer Breite von ca. 4 cm bei den Motiven **1 - 3** bzw. von 3 cm bei den Motiven **4 -7** zuschneiden und diese nach dem Annähen mit der entsprechenden Nahtzugabe zurechtschneiden. Dann müssen Sie nur die Mittelquadrate auf das Schnittpapier übertragen.
Hintergrundfläche der Motive zuschneiden:
2 Streifen **1** von je 2,25 x 20 cm in Natur.
2 Streifen **2** von je 3,25 x 18,25 cm in Natur.
2 Streifen **3** von je 4 x 16,5 cm in Natur.
2 Streifen **4** von je 4,75 x 15 cm in Natur.
2 Rechtecke **5** von je 5,5 x 13,5 cm in Natur.
2 Rechtecke **6** von je 6 x 12,5 cm in Natur.
2 Rechtecke **7** von je 6,25 x 11,25 cm in Natur.
1. seitlichen Randstreifen zuschneiden:
2 Streifen von je 2,5 x 98 cm im dritthellsten Lila-Ton.
2. seitlichen Randstreifen zuschneiden:
2 Streifen von je 5 x 98 cm in Natur.
Rückseite zuschneiden:
1 Streifen von 30,5 x 98 cm in Natur.
Einlage zuschneiden:
1 Streifen von 30,5 x 98 cm Vlieseline.
Aufhängetunnel zuschneiden:
1 Streifen von 10 x 30 cm in Natur.

... weiter gehts auf Seite 30 ...

Schemazeichnung 1: Aufbau der gesamten Vorderseite

Zusammensetzen:

Zusammensetzen des Motivs:

Siehe Wandbehang mit Log Cabin-Twist von Seite 24 - 27, jedoch die einzelnen Motive auf die originalgroße Vorlage **1** bzw. auf die verkleinerten Vorlagen **2 - 7** nähen.

Zusammensetzen des gesamten Mittelstreifens:

Laut Schemazeichnung an die seitlichen Ränder des Motivs **1** je einen Streifen **1** nähen. An die seitlichen Ränder des Motivs **2** je einen Streifen **2**, an die seitlichen Ränder des Motivs **3** je einen Streifen **3**, an die seitlichen Ränder des Motivs **4** je einen Streifen **4**, an die seitlichen Ränder des Motivs **5** je einen Streifen **5**, an die seitlichen Ränder des Motivs **6** je einen Streifen **6**, an die seitlichen Ränder des Motivs **7** je einen Streifen **7** nähen. Danach alle 7 so entstandenen Rechtecke untereinander zu einem großen Patchwork-Streifen zusammensetzen.

1.und 2. Randstreifen ansetzen:

Zuerst die beiden lilafarbenen Streifen, dann die beiden naturfarbenen Streifen an die seitlichen Ränder des großen Patchwork-Streifens nähen.

Fertigstellung:

Alle Außenkanten der Vorder- und Rückseite mit schmalen Zick-Zack-Stichen oder einer Overlock-Nähmaschine versäubern. Auf die linke Seite der Vorderseite Vlieseline aufbügeln. Danach die Rückseite und Vorderseite rechts auf rechts aufeinanderlegen und an allen 4 Seiten zusammennähen, dabei zum Wenden eine kleine Öffnung lassen. Teil wenden. Öffnung schließen. Nun den Streifen für den Aufhängetunnel an den Längsseiten rechts auf rechts aufeinanderlegen und an allen 3 offenen Seiten zusammennähen, dabei ein Stück zum Wenden offen lassen. Streifen wenden. Öffnung schließen und den Aufhängetunnel mit kleinen Saumstichen auf der Rückseite des Wandbehanges befestigen.

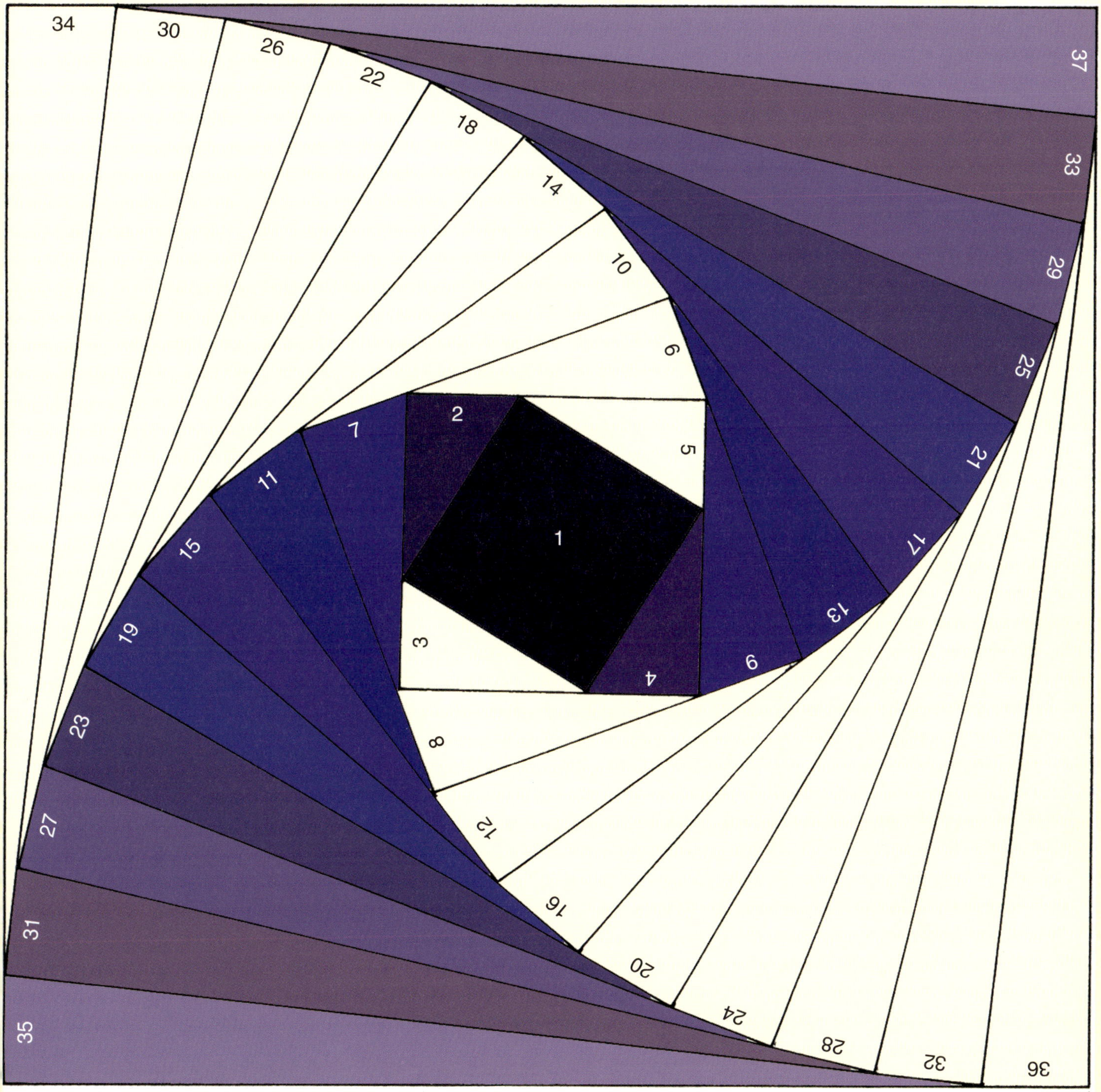

Originalgroße Vorlage zum Motiv 1

Sampler für Drinnen & Draußen

Sampler mit verschiedenen Blöcken und Seminole-Bordüren

✻✻✻
Größe: 130 x 200 cm
Blockröße: 30 x 30 cm

Material:

- ***Für die Vorderseite und die Einfassblenden:***
  300 cm Dunkelblau-dunkelrot-altrosa-hellblau-gemustert
  20 cm Hellblau-weiß-rosa-geblümt
  130 cm Natur Ton-in-Ton-gemustert
  50 cm Blau-rosa-geblümt
  30 cm Blau-natur-geblümt
  70 cm Mittelblau-weiß-gepunktet
  20 cm Hellblau-weiß-rosa-kleingeblümt
  30 cm Hellblau-gemustert mit weißen Herzen
  40 cm Natur-rosa-hellblau-grün-geblümt
- ***Für die Rückseite:***
  300 cm Dunkelblau
  Alle Stoffe sind je 115 cm breit.
- ***Für die Einlage:***
  210 x 150 cm Vlieseline Volumenvlies 281.
- ***Zubehör:***
  Siehe Material- und Werkzeugliste auf Seite 6/7.
- ***Zusätzliches Zubehör:***
  Eventuell ein Schrägbandformer (siehe Material- und Werkzeugliste von Seite 6/7)

Vorbereiten:

Zuerst die Dreieck-Schablonen **1 - 6** vorbereiten (siehe Material- und Werkzeugliste von Seite 6/7 sowie Lehrgang auf Seite 62). Für die Dreieck-Schablone **1** ein Quadrat von 5 x 5 cm, für die Dreieck-Schablone **2** ein Quadrat von 7,5 x 7,5 cm, für die Dreieck-Schablone **3** ein Quadrat von 10 x 10 cm, für die Dreieck-Schablone **4** ein Quadrat von 15 x 15 cm zuschneiden und diese Quadrate je 1 x in der Diagonalen durchschneiden. Dies ergibt je 2 Dreiecke **1 - 4.** Für die Dreieck-Schablone **5** ein Quadrat von 10 x 10 cm, für die Dreieck-Schablone **6** ein Quadrat von 15 x 15 cm zuschneiden und diese Quadrate je 2 x in der Diagonalen halbieren.

Zuschneiden:

Nahtzugabe inklusive 0,75 cm. An den Schablonen zusätzlich je 0,75 cm Nahtzugabe an allen Seiten zugeben.
Für die Vorderseite:
Zuschneiden von Dreiecken ohne Schablonen:
Für die Dreiecke **1** je ein Quadrat von 7,5 x 7,5 cm, für die Dreiecke **2** je ein Quadrat von 10 x 10 cm, für die Dreiecke **3** je ein Quadrat von 12,5 x 12,5 cm, für die Dreiecke **4** je ein Quadrat von 17,5 x 17,5 cm zuschneiden und diese Quadrate je 1 x in der Diagonalen durchschneiden. Dies ergibt je 2 Dreiecke **1 - 4.** Für die Dreiecke **5** je ein Quadrat von 13,5 x 13,5 cm, für die Dreiecke **6** je ein Quadrat von 18,5 x 18,5 cm zuschneiden und diese Quadrate je 2 x in der Diagonalen durchschneiden. Dies ergibt je 4 Dreiecke **5 und 6.**

Teile für Block 1 zuschneiden:
Je 4 Streifen von je 5,25 x 16,5 cm in Hellblau-weiß-rosa-geblümt, Natur-Ton-in-Ton-gemustert, Blau-rosa-geblümt und Mittelblau-weiß-gepunktet.

Teile für Block 2 zuschneiden:
Je 4 Dreiecke **3** in Blau-rosa-geblümt und Natur-Ton-in-Ton-gemustert.
Je 4 Rechtecke von je 6,5 x 11,5 cm in Blau-rosa-geblümt und Natur-Ton-in-Ton-gemustert.
1 Quadrat von 11,5 x 11,5 cm in Blau-rosageblümt.

Teile für Block 3 zuschneiden:
Je 8 Quadrate von je 6,5 x 6,5 cm in Blau-natur-geblümt und Natur-Ton-in-Ton-gemustert.
Je 4 Dreiecke **3** in Hellblau-weiß-rosa-kleingeblümt und Dunkelblau-dunkelrot-altrosa-hellblau-gemustert.
1 Quadrat von 11,5 x 11,5 cm in Hellblau-weiß-rosa-kleingeblümt.

Teile für Block 4 zuschneiden:
10 Dreiecke **3** in Natur-rosa-hellblau-grün-geblümt.
Je 2 Dreiecke **3** in Hellblau-gemustert mit weißen Herzen, Blau-natur-geblümt, Dunkelblau-dunkel-rot-altrosa-hellblau-gemustert und Natur-Ton-in-Ton-gemustert.
4 Dreiecke 5 in Natur-rosa-hellblau-grün-geblümt.
Je 2 Dreiecke **5** in Hellblau-gemustert mit weißen Herzen, Blau-natur-geblümt, Dunkelblau-dunkel-rot-altrosa-hellblau-gemustert und Natur-Ton-in-Ton-gemustert.

Teile für Block 5 zuschneiden:
10 Dreiecke **2** in Natur-Ton-in-Ton-gemustert.
6 Dreiecke **2** in Hellblau-weiß-rosa-kleingeblümt.
Je 2 Dreiecke **2** in Blau-natur-geblümt und Dunkelblau-dunkelrot-altrosa-hellblau-gemustert.
1 Quadrat von 9 x 9 cm in Dunkelblau-dunkelrot-altrosa-hellblau-gemustert.
5 Quadrate von 9 x 9 cm in Natur-Ton-in-Ton gemustert.

Teile für Block 6 zuschneiden:
Je 12 Dreiecke **2** in Blau-rosa-geblümt und Mittelblau-weiß-gepunktet.
4 Quadrate von 9 x 9 cm in Mittelblau-weiß-gepunktet.

Teile für Block 7 zuschneiden:
Je 4 Dreiecke **3** in Natur-Ton-in-Ton-gemustert und Mittelblau-weiß-gepunktet.
16 kleine Dreiecke **1** in Mittelblau-weiß-gepunktet.
8 Dreiecke **5** in Natur-Ton-in-Ton-gemustert.
1 Quadrat von 11,5 x 11,5 cm in Natur-Ton-in-Ton-gemustert.

Teile für Block 8 zuschneiden:
Je 16 Dreiecke **2** in Hellblau-gemustert mit weißen Herzen und Blau-rosa-geblümt.

... weiter gehts auf Seite 34 ...

Teile für Block 9 zuschneiden:
16 Dreiecke **2** in Natur-Ton-in-Ton-gemustert.
Je 4 Dreiecke **6** in Natur-rosa-hellblau-grün-geblümt und Blau-natur-geblümt.
Teile für Block 10 zuschneiden:
Je 8 Dreiecke **2** in Hellblau-gemustert mit weißen Herzen und Blau-rosa-geblümt.
Je 2 Dreiecke **4** in Hellblau-gemustert mit weißen Herzen und Blau-rosa-geblümt.
Teile für Block 11 zuschneiden:
16 Dreiecke **2** in Natur-Ton-in-Ton-gemustert.
Je 4 Dreiecke **6** in Mittelblau-weiß-gepunktet und Dunkelblau-dunkelrot-altrosa-hellblau-gemustert.
Teile für Block 12 zuschneiden:
3 Quadrate von 11,5 x 11,5 cm in Blau-natur-geblümt.
Je 6 Dreiecke **3** in Natur-Ton-in-Ton-geblümt und Blau-rosa-geblümt.
Teile für Block 13 zuschneiden:
8 Rechtecke von je 4 x 6,5 cm in Hellblau-gemustert mit weißen Herzen.
4 Quadrate von je 6,5 x 6,5 cm in Natur-rosa-hellblau-grün-geblümt.
9 Quadrate von je 6,5 x 6,5 cm in Natur-Ton-in-Ton-gemustert.
4 Quadrate von je 9 x 9 cm in Natur-rosa-hellblau-grün-geblümt.
4 Rechtecke von je 6,5 x 14 cm in Blau-natur-geblümt.
Teile für Block 14 zuschneiden:
8 Dreiecke **5** in Blau-natur-geblümt.
Je 4 Dreiecke **5** in Natur-rosa-hellblau-grün-geblümt und Natur-Ton-in-Ton-gemustert.
4 Quadrate von je 11,5 x 11,5 cm in Natur-rosa-hellblau-grün-geblümt.
1 Quadrat von 11,5 x 11,5 cm in Blau-natur-geblümt.
Teile für Block 15 zuschneiden:
Je 4 Rechtecke von je 6,5 x 4 cm in Blau-rosa-geblümt und Mittelblau-weiß-gepunktet.
Je 4 Rechtecke von je 6,5 x 9 cm in Hellblau-weiß-rosa-kleingeblümt und Natur-Ton-in-Ton-gemustert.
Je 4 Rechtecke von je 6,5 x 14 cm in Blau-rosa-geblümt und Dunkelblau-dunkelrot-altrosa-hellblau-gemustert.
Streifen für Seminole-Bordüre A zuschneiden:
Je 4 Streifen von je 5,5 x 90 cm in Natur-Ton-in-Ton-gemustert und Hellblau-weiß-rosa-geblümt.
4 Streifen von je 2,75 x 90 cm in Blau-natur-geblümt.
8 Streifen von je 2,75 x 80 cm in Blau-natur-geblümt.
Streifen für Seminole-Bordüre B zuschneiden:
8 Streifen von je 4,5 x 100 cm in Mittelblau-weiß-gepunktet.
Je 4 Streifen von je 2,75 x 100 cm in Natur-Ton-in-Ton-gemustert und Natur-rosa-hellblau-grün-geblümt.
Zwischenstreifen zuschneiden:
20 Streifen von 6,5 x 31,5 cm in Dunkelblau-dunkelrot-altrosa-hellblau-gemustert.
8 Quadrate von je 6,5 x 6,5 cm in Dunkelblau-dunkelrot-altrosa-hellblau-gemustert.
6 Streifen von je 6,5 x 121,5 cm in Dunkelblau-dunkelrot-altrosa-hellblau-gemustert.
Eck-Karos zuschneiden:
Je 4 Dreiecke **1** in Natur-Ton-in-Ton-gemustert und Mittelblau-weiß-gepunktet.
Randstreifen zuschneiden:
2 Streifen von je 6,5 x 121,5 cm und 2 Streifen von je 6,5 x 201,5 cm in Dunkelblau-dunkelrot-altrosa-hellblau-gemustert.
Rückseite zuschneiden:
2 Rechtecke von je 106 x 140 cm in Dunkelblau. Diese beiden Rechtecke an den Breitseiten zusammennähen, so dass ein Rechteck von ca. 210 x 140 cm entsteht.
Einlage zuschneiden:
1 Rechteck von ca. 210 x 140 cm Volumenvlies.
Einfassblenden zuschneiden:
2 Streifen von je 5 x 201,5 cm und 2 Streifen von je 5 x 131,5 cm in Dunkelblau-dunkelrot-altrosa-hellblau-gemustert.

Zusammensetzen:

Patchwork-Block 1 zusammensetzen:
Laut Schemazeichnung **1** zuerst 4 x je einen Streifen jeder Farbe an den Längsseiten zu 4 Quadraten zusammennähen. Dann je 2 x je 2 Quadrate zu 2 Reihen, danach die beiden Reihen zum gesamten Block zusammensetzen.

Schemazeichnung 1:
Block 1 - Römische Streifen

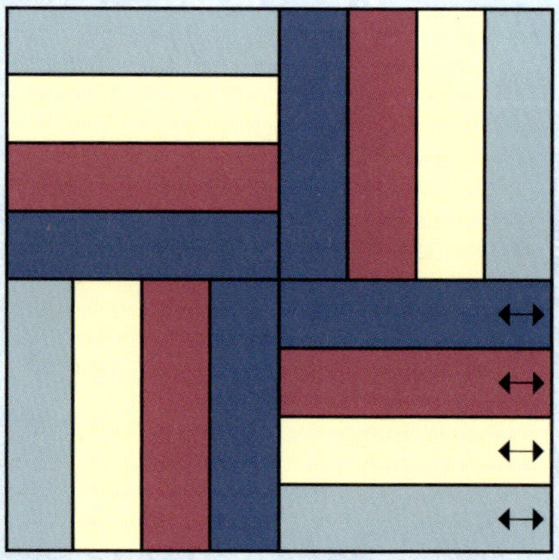

Patchwork-Block 2 zusammensetzen:

Laut Schemazeichnung **2** insgesamt 4 x je 2 Dreiecke **3** an den Diagonalen zu Quadraten zusammensetzen.

Danach 4 x je 2 Rechtecke an den Längsseiten zu Quadraten zusammensetzen. Anschließend 3 x je 3 Quadrate zu 3 Reihen, dann die 3 Reihen zum gesamten Block zusammennähen.

Schemazeichnung 2:
Block 2 - Schraubenschlüssel

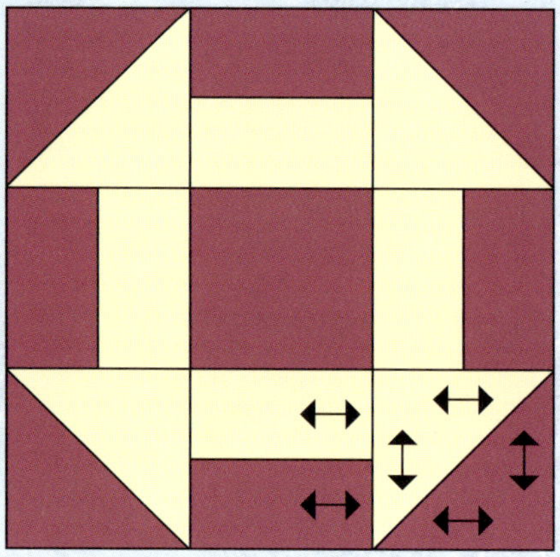

Patchwork-Block 3 zusammensetzen:
Laut Schemazeichnung **3** zuerst 4 x je 2 Dreiecke **3** an den Diagonalen zu Quadraten zusammensetzen. Danach 8 x je 2 kleine Quadrate untereinander zu 8 Rechtecken, dann 4 x je 2 Rechtecke nebeneinander zu einem Quadrat zusammennähen. Nun 3 x je 3 Quadrate zu 3 Reihen, dann die 3 Reihen zum gesamten Block zusammensetzen.

Schemazeichnung 3:
Block 3 - Wasserrad

Patchwork-Block 4 zusammensetzen:

Laut Schemazeichnung **4** zuerst 6 x je 2 Dreiecke **5** an den kurzen Seiten zu einem großen Dreieck zusammennähen. Danach 4 x je ein zusammengesetztes Dreieck und je ein einfaches Dreieck **3** an den Diagonalen zu je einem Quadrat zusammennähen.

Dann 1 x 2 zusammengesetzte Dreiecke ebenfalls zu einem Quadrat zusammensetzen.

Anschließend 4 x je 2 Dreiecke **3** an den Längsseiten zu je einem Quadrat zusammennähen. Nun 3 x je 3 Quadrate zu 3 Reihen, dann die 3 Reihen zum gesamten Block zusammensetzen.

Schemazeichnung 4:
Block 4 - Kartentrick

Patchwork-Block 5 zusammensetzen:
Laut Schemazeichnung **5** zuerst 10 x je 2 Dreiecke **2** an den Diagonalen zu 10 Quadraten zusammennähen. Danach 4 x je 4 zusammengesetzte bzw. einfache Quadrate zu 4 Reihen, dann die 4 Reihen zum gesamten Block zusammennähen.

Schemazeichnung 5:
Block 5 - Blumenkorb

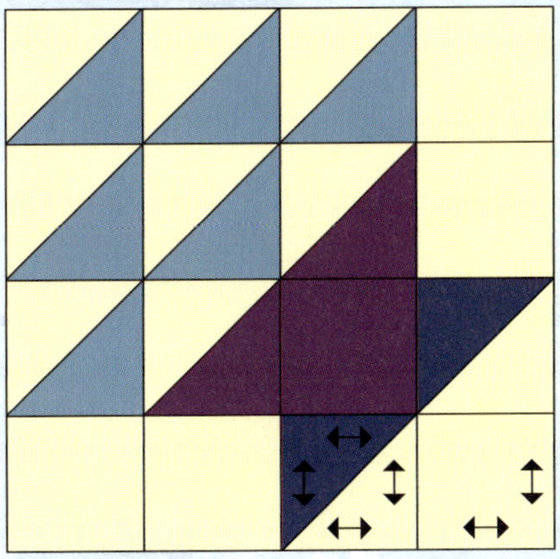

Patchwork-Block 6 zusammensetzen:
Lt. Schemazeichnung **6** zuerst 12 x je 2 Dreiecke **2** an den Diagonalen zu 12 Quadraten zusammennähen. Danach 4 x je 4 zusammengesetzte bzw. einfache Quadrate zu 4 Reihen, dann die 4 Reihen zum gesamten Block zusammennähen.

Schemazeichnung 6:
Block 6 - Kristallstern

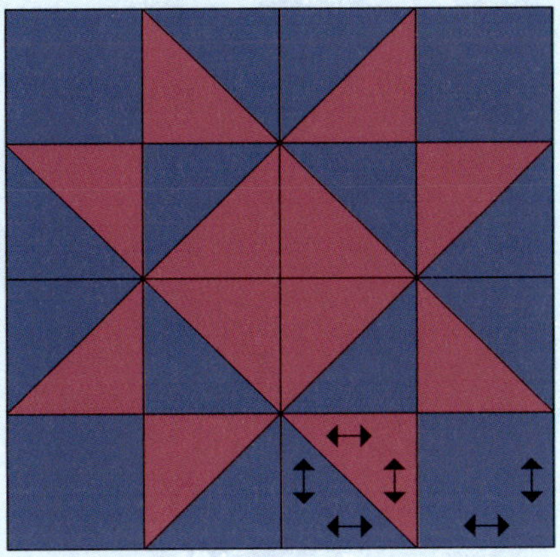

Patchwork-Block 7 zusammensetzen:
Laut Schemazeichnung **7** zuerst 8 x je 2 Dreiecke **1** mit den Diagonalen an beide kurzen Seiten je eines Dreieckes **5** nähen = je 1 Rechteck. Danach 4 x je 2 zusammengesetzte Rechtecke zu je einem Quadrat zusammennähen. Dann 4 x je 2 Dreiecke **3** an den Diagonalen zu 4 Quadraten zusammensetzen. Anschließend 3 x je 3 Quadrate zu 3 Reihen, dann die 3 Reihen zum gesamten Block zusammennähen.

Schemazeichnung 7:
Block 7 - Doppeltes T

Patchwork-Block 8 zusammensetzen:
Laut Schemazeichnung **8** zuerst 16 x je 2 Dreiecke **2** an den Diagonalen zu je einem Quadrat zusammensetzen. Danach 4 x je 4 Quadrate zu 4 Reihen, dann die 4 Reihen zum gesamten Block zusammensetzen.

Schemazeichnung 8:
Block 8 - Stundenglas

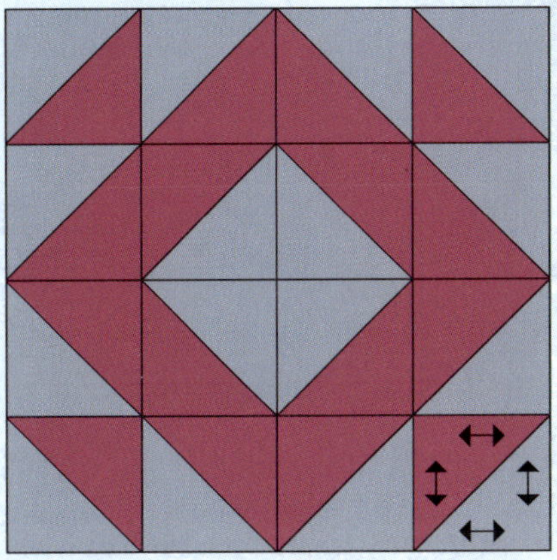

Patchwork-Block 9 zusammensetzen:
Laut Schemazeichnung **9** zuerst 8 x je 2 Dreiecke **2** mit den Diagonalen an beide kurzen Seiten je eines Dreieckes **6** nähen = je 1 Rechteck. Danach 4 x je 2 zusammengesetzte Rechtecke zu je einem Quadrat zusammennähen. Anschließend 2 x je 2 Quadrate zu 2 Reihen, dann die 2 Reihen zum gesamten Block zusammensetzen.

Schemazeichnung 9:
Block 9 - Holländisches Puzzle

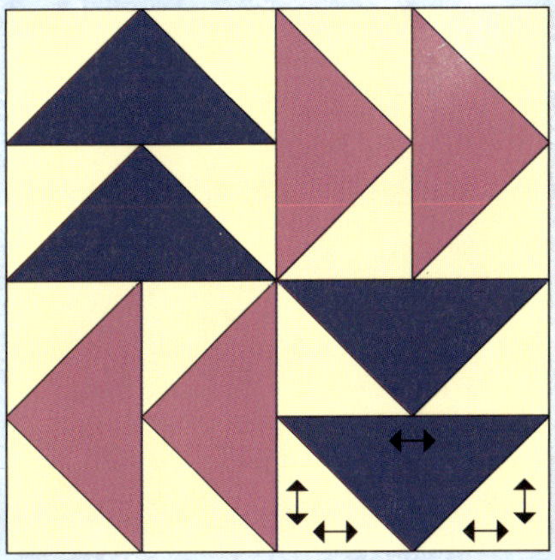

... weiter gehts auf Seite 36 ...

Patchwork-Block 10 zusammensetzen:
Laut Schemazeichnung **10** zuerst 8 x je 2 Dreiecke **2** an den Diagonalen zu je einem kleinen Quadrat zusammensetzen. Danach 2 x je 2 Dreiecke **4** an den Diagonalen zu je einem großen Quadrat zusammennähen. Anschließend 4 x je 2 Quadrate untereinander zu je einem Rechteck, dann je 2 Rechtecke nebeneinander zu je einem großen Quadrat zusammensetzen. Nun 2 x je 2 große Quadrate zu 2 Reihen, dann die 2 Reihen zum gesamten Patchwork-Block zusammennähen.

Schemazeichnung 10:
Block 10 - Zug der Wildgänse

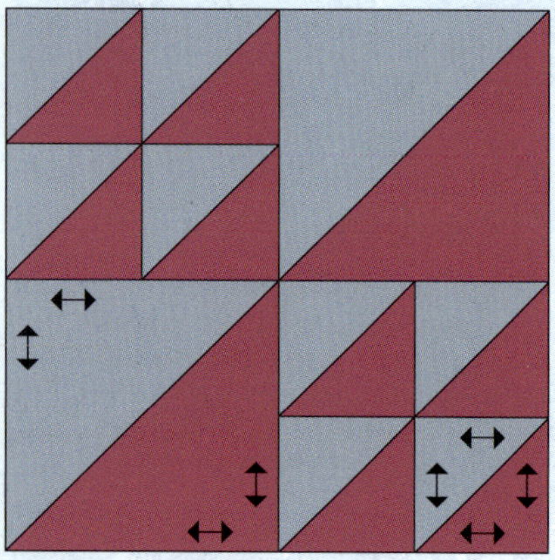

Patchwork-Block 11 zusammensetzen:
Laut Schemazeichnung **11** zuerst 8 x je 2 Dreiecke **2** mit den Diagonalen an beide kurzen Seiten je eines Dreieckes **6** nähen = je 1 Rechteck. Danach 4 x je 2 zusammengesetzte Rechtecke zu je einem Quadrat zusammennähen. Anschließend 2 x je 2 Quadrate zu 2 Reihen, dann die 2 Reihen zum gesamten Block zusammensetzen.

Schemazeichnung 11:
Block 11 - Holländisches Puzzle

Patchwork-Block 12 zusammensetzen:
Laut Schemazeichnung **12** zuerst 6 x je 2 Dreiecke **3** an den Diagonalen zu je einem Quadrat zusammennähen. Danach 3 x je 3 Quadrate zu 3 Reihen, dann die 3 Reihen zum gesamten Block zusammensetzen.

Schemazeichnung 12:
Block 12 - Doppeltes X

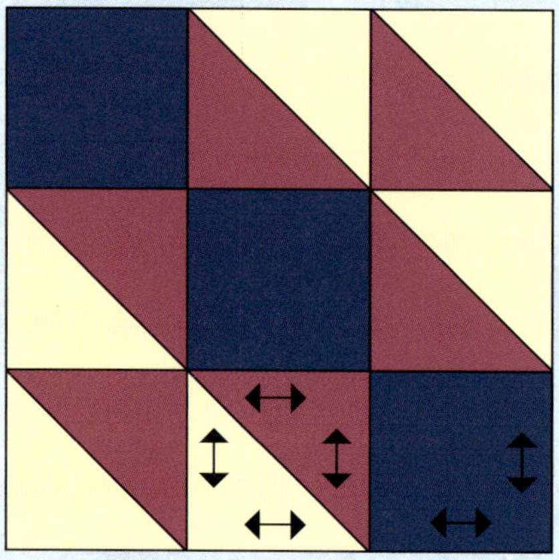

Patchwork-Block 13 zusammensetzen:
Laut Schemazeichnung **13** zuerst 4 x je 2 Quadrate und ein kleines Rechteck untereinander zu 4 schmalen Rechtecken zusammensetzen. Danach 4 x je ein Quadrat und ein kleines Rechteck nebeneinander zusammennähen, dann an einer Seite je ein großes Quadrat ansetzen = breite Rechtecke. Nun 4 x je ein schmales und breites Rechteck zu je einem großen Quadrat zusammensetzen. Dann für die Reihe **1 und 3** zwei zusammengesetzte große Quadrate und ein einfaches großes Rechteck untereinander zusammennähen. Für die Reihe **2** ein einfaches großes Rechteck, ein kleines Quadrat und ein einfaches großes Rechteck untereinander zusammensetzen. Anschließend die 3 Reihen nebeneinander zum gesamten Block zusammennähen.

Schemazeichnung 13:
Block 13 - Gitter

Patchwork-Block 14 zusammensetzen:
Laut Schemazeichnung **14** zuerst 8 x je 2 Dreiecke **5** an je einer kurzen Seite zu 8 großen Dreiecken zusammennähen. Danach 4 x je 2 zusammengesetzte Dreiecke zu 4 Quadraten zusammensetzen. Anschließend 3 x je 3 Quadrate zu 3 Reihen, dann die 3 Reihen zum gesamten Block zusammennähen.

Schemazeichnung 14:
Block 14 - Ohio-Stern

Patchwork-Block 15 zusammensetzen:
Laut Schemazeichnung **15** zuerst 8 x je ein kleines und ein großes Rechteck zusammennähen. Danach 4 x je 2 mittelgroße Rechtecke zusammensetzen. Nun 4 x je 3 so entstandene Streifen zu 4 Quadraten zusammennähen. Anschließend 2 x je 2 Quadrate zu 2 Reihen, dann die 2 Reihen zum gesamten Block zusammensetzen.

Schemazeichnung 15:
Block 15 - Windrad

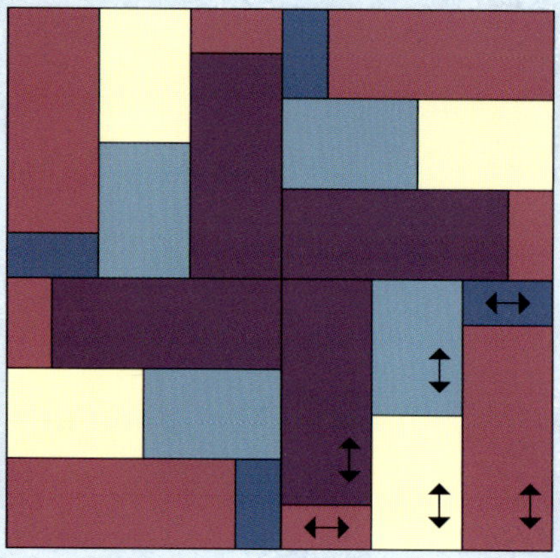

Seminole-Bordüren A zusammensetzen:
Zuerst 4 x je einen hellblau-weiß-rosa-geblümten Streifen, einen blau-natur-geblümten Streifen und einen natur-Ton-in-Ton-gemusterten Streifen an den Längsseiten zu 4 Streifenflächen zusammennähen. Nähte in eine Richtung bügeln.

Aus den Streifenflächen im Abstand von je 5,25 cm einzelne Segmente (Streifen) abschneiden.

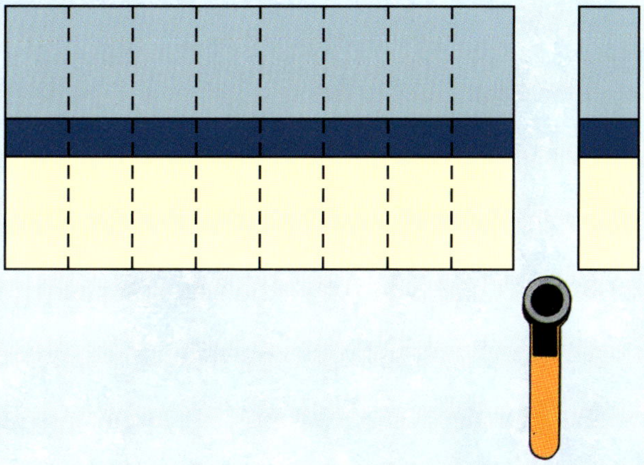

Aus den 80 cm langen blau-natur-geblümten Streifen schmale Längsstreifen von je 9,75 cm Länge abschneiden.

Nun abwechselnd je ein Segment und einen schmalen Längsstreifen zusammennähen, dabei das 2. und jedes folgende Segment um je 3 cm nach unten versetzen.

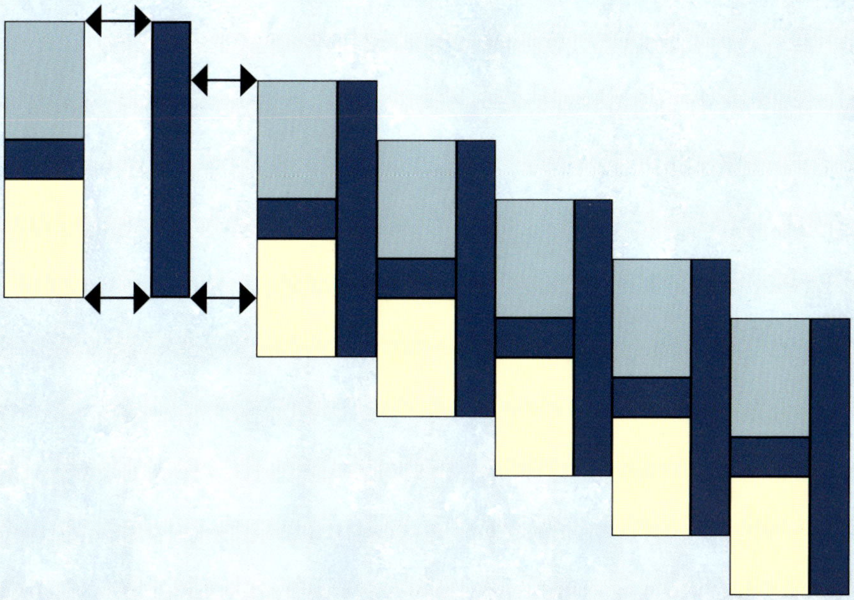

... weiter gehts auf Seite 38 ...

Danach die Unebenheiten an den schrägen Kanten so abschneiden, dass die Streifen noch je 6,5 cm breit sind.

Aus diesen Flächen 8 Seminole-Streifen **A** von je 31,5 cm Länge abschneiden.

Seminole-Bordüren B zusammensetzen:
Zuerst 4 x je einen mittelblau-weiß-gepunkteten, einen natur-rosa-hellblau-grün-geblümten, einen natur-Ton-in-Ton-geblümten und einen mittelblau-weiß-gepunkteten Streifen an den Längsseiten zu 4 Streifenflächen zusammennähen. Nähte des 1. und 3. Streifens in eine Richtung, des 2. Streifens in die entgegengesetzte Richtung bügeln.

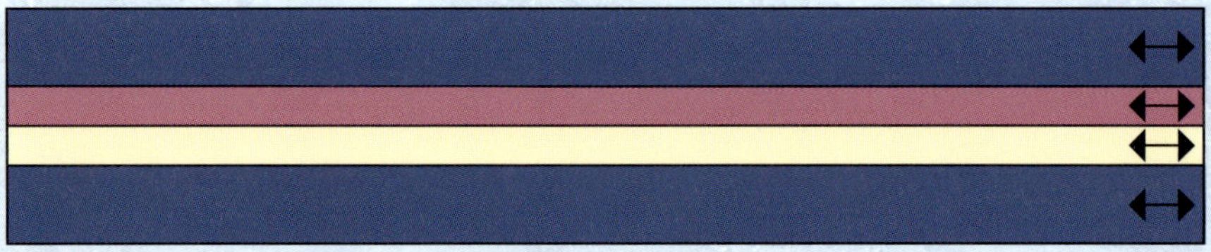

Aus den Streifenflächen im Abstand von je 4 cm einzelne Segmente abschneiden.

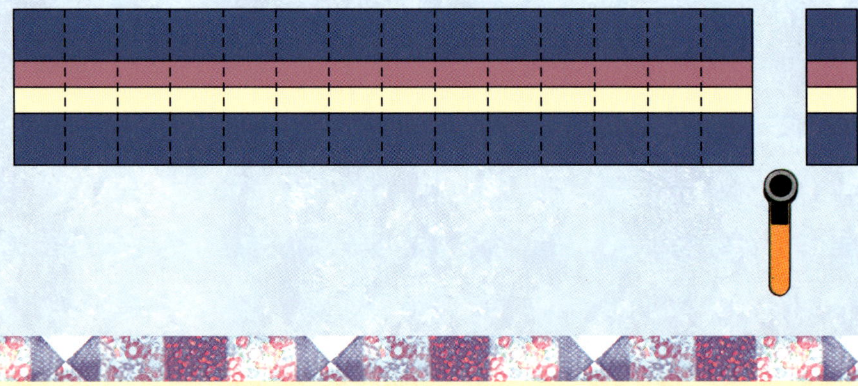

Die Segmente versetzt wieder zusammennähen. Die Pfeile geben an, welche Nahtlinien zusammentreffen. Diese Nähte in eine Richtung bügeln.

Anschließend die Unebenheiten an den schrägen Kanten so abschneiden, dass die Streifen noch je 6,5 cm breit sind.

Aus diesen Flächen 8 Seminole-Streifen **B** von je 31,5 cm Länge schneiden.

... weiter gehts auf Seite 40 ...

Eck-Karos zusammennähen:
4 x je 2 Dreiecke **1** an den Diagonalen zusammennähen.

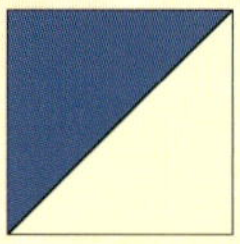

Zwischenstreifen einsetzen:
Zuerst 4 x je einen kurzen Zwischenstreifen zwischen je 3 Blöcke bzw. die beiden äußeren Seminole-Bordüren nähen. Dann für den oberen und unteren Seminole-Streifen je ein Eck-Karo, ein kleines Quadrat, eine Seminole-Bordüre **A**, ein kleines Quadrat, eine Seminole-Bordüre **B**, ein kleines Quadrat, eine Seminole-Bordüre **A**, ein kleines Quadrat und ein Eck-Karo nebeneinander zusammennähen. Nun je einen langen Zwischenstreifen zwischen je 5 Reihen und den oberen und unteren Seminole-Streifen nähen.
Randstreifen ansetzen:
Zuerst die beiden etwas kürzeren Streifen an den oberen und unteren Rand, danach die beiden langen Streifen an die seitlichen Ränder nähen.

Zusammensetzen der Lagen:
Siehe Lehrgang auf Seite 65.

Quilten:
Die Übergänge zu den Rand- und Zwischenstreifen ca. 2 - 3 mm von den Nahtlinien entfernt nachquilten. Innerhalb der Blöcke einige Muster wunschgemäß nachquilten.

Fertigstellung:
Die Rückseite und die Einlage auf die Größe des Vorderteils zurückschneiden. Die Einfassblenden mit dem Schrägbandformer zu je einem schmalen Band formen (falls Sie keinen Schrägbandformer haben, für das Band 1 x in der Mitte und noch 2 x von außen bis zur Mitte hin je einen Bruch bügeln). Die langen Einfassblenden über die seitlichen Ränder schieben und aufsteppen. Die Schmalseiten der etwas kürzeren Einfassblenden 0,75 cm breit nach innen bügeln. Danach diese Einfassblenden über den oberen und unteren Rand schieben und ebenfalls aufsteppen.

Schemazeichnung: Aufbau gesamte Vorderseite

Erinnerungen an Ägypten

Wandbehang mit Motiven aus Ägypten

***

Größe: 66 x 66 cm

Material:

- ***Für die Vorderseite:***
  Ca. 130 - 150 cm verschiedene natur- und beige-gemusterte Leinenstoffreste bzw. beigefarbenes Leinen ohne Musterung
- ***Für die Rückseite und die Einfassblende:***
  90 x 115 cm naturfarbener Baumwollstoff
- ***Für die Einlage:***
  Ca. 70 x 70 cm Vlieseline Volumenvlies 248.
- ***Zubehör:***
  Siehe Material- und Werkzeugliste auf Seite 6/7
- ***Zusätzliches Zubehör:***
  Ca. 100 x 60 cm Vlieseline Stickvlies; eventuell ein Buch oder Zeitschriftenausschnitt oder Fotos mit ägyptischen Motiven und Schriftzeichen

Vorbereiten:

Auf die unifarbenen Stoffe laut Abbildung oder nach Wunsch im Copy-Shop (bitte darauf achten, dass dieser auch auf Stoff druckt oder kopiert) verschiedene ägyptische Motive und Schriftzeichen kopieren lassen.

Zuschneiden:

Nahtzugabe inklusive 0,75 cm.
Vorderseite zuschneiden:
1 Rechteck von 27,5 x 18,5 cm mit einem Motiv bedruckt.
1 Quadrat von 19,5 x 19,5 cm mit einem Motiv bedruckt.
Aus den Leinenstoffresten Teile in unterschiedlicher Form und Größe (nach Abbildung bzw. nach Wunsch) zuschneiden.
Rückseite zuschneiden:
1 Quadrat von ca. 70 x 70 cm aus dem Baumwollstoff.
Einlage zuschneiden:
1 Quadrat von ca. 70 x 70 cm aus dem Volumenvlies.
Einfassblenden zuschneiden:
2 Streifen von je 6x 65,5 cm und 2 Streifen von je 6 x 67,5 cm aus dem Baumwollstoff.
Aufhängetunnel zuschneiden:
1 Streifen von 10 x 65 cm aus dem Baumwollstoff.

Zusammensetzen:

Vorderseite:
Crazy-Fläche 1:
Laut Abbildung bzw. laut Schemazeichnung je eine Crazy-Fläche **1a - 1c** nähen. Für jedes Teil laut Schemazeichnung ein entsprechend großes Stück Stickvlies etwas größer als benötigt zuschneiden. Danach das 1. Stoffteil mit der rechten Seite nach oben zeigend auf das Stickvlies legen. Dann das 2. Teil rechts auf rechts auf das 1. Teil legen und ansteppen (siehe Abbildung 1).

Abbildung 1

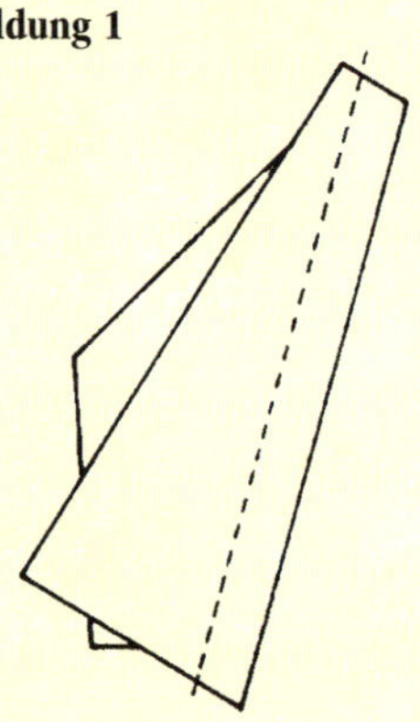

Teil nach außen umschlagen, glatt streichen oder bügeln und feststecken. Überstehende Enden bündig abschneiden (siehe Abbildung 2).

Abbildung 2

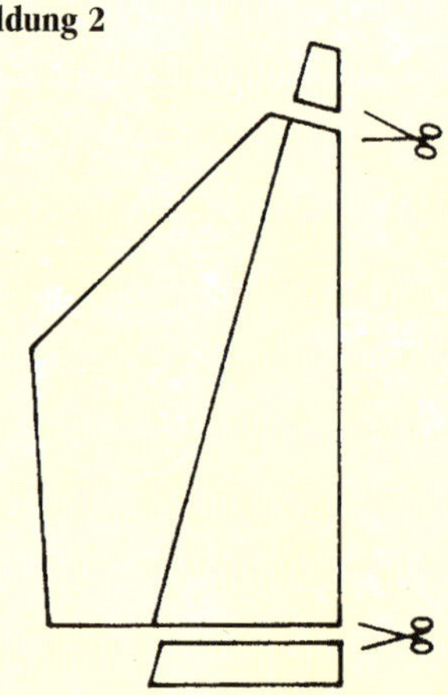

... weiter gehts auf Seite 44 ...

Auf diese Weise jedes folgende Teil auf das vorhergehende Teil bzw. an eine Seite der bisherigen Crazy-Fläche nähen (siehe Abbildungen 3-8).

Sie können die neuen Teile dazu entweder oben, unten, rechts oder links annähen. Teilweise können Sie auch bereits zusammengenähte Stoffteile neu annähen.

Abbildung 3

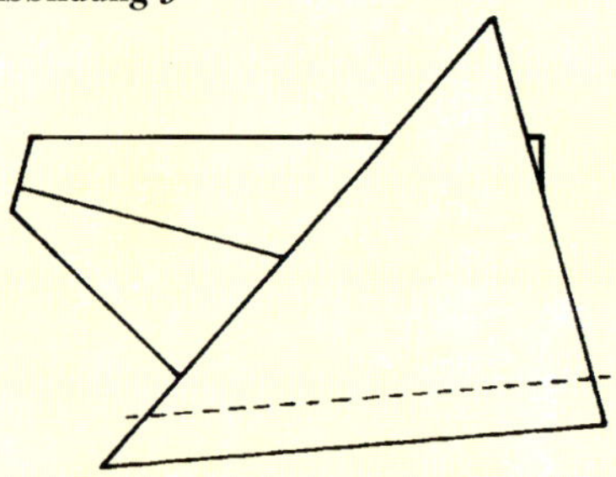

Abbildung 4

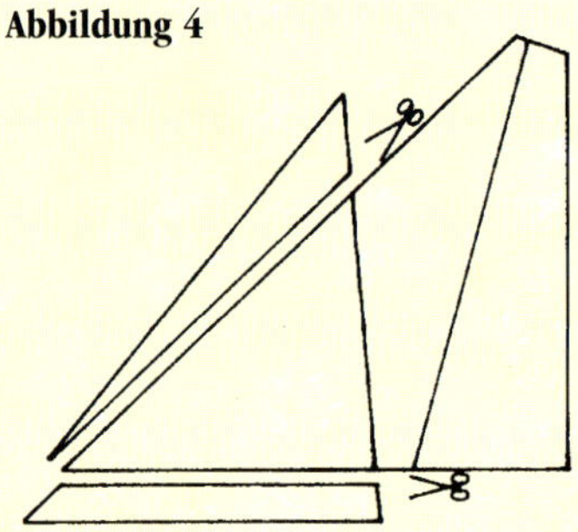

Abbildung 5

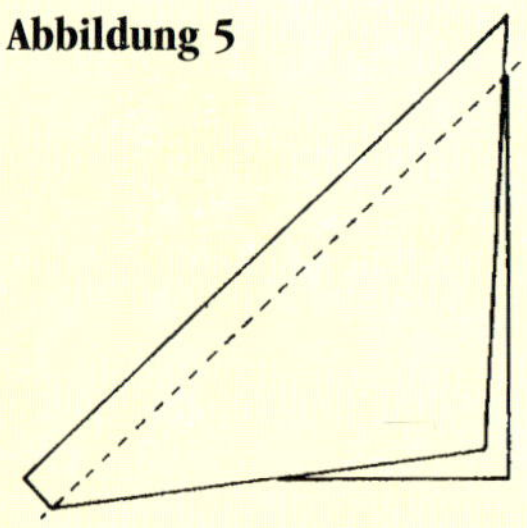

Abbildung 6

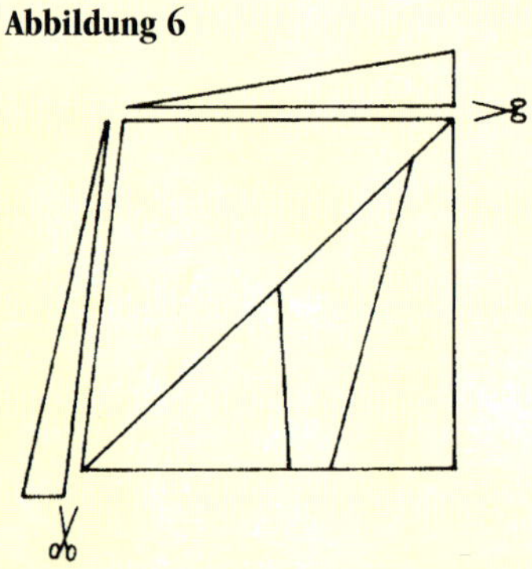

Abbildung 7

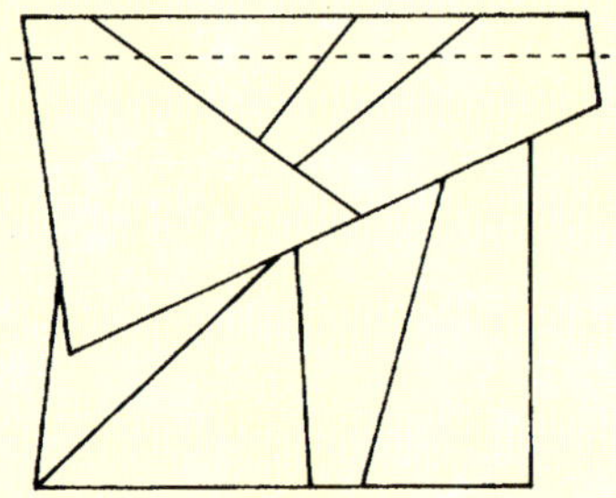

Abbildung 8

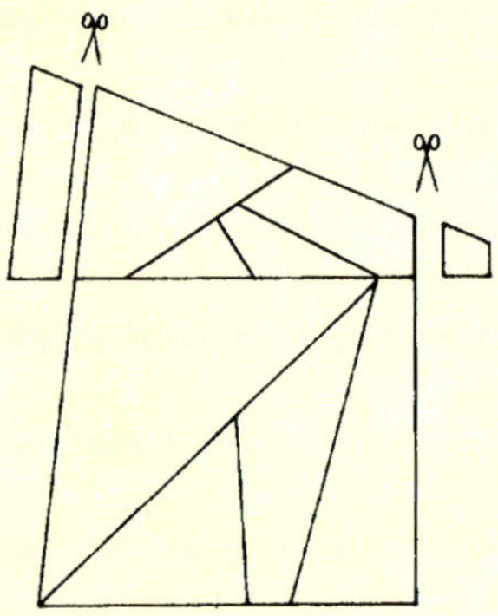

Insgesamt laut Foto bzw. laut Schemazeichnung 3 unterschiedliche Crazy-Flächen nähen, dabei innerhalb dieser Teile möglichst 3 mit Schriftzeichen bedruckte Stoffe einarbeiten. Dann die 3 Crazy-Flächen **a - c** zum Rechteck zusammensetzen und das Rechteck auf eine Größe von 29,5 x 31,5 cm zurechtschneiden.

Crazy-Fläche 2:
Laut Schemazeichnung wie bei der Crazy-Fläche **1** beschrieben arbeiten, jedoch im Gesamten nur eine Crazy-Fläche nähen und einen mit einem Schriftzeichen bedruckten Stoff einarbeiten. Das Rechteck auf eine Größe von 14,5 x 27,5 cm zurechtschneiden.

Crazy-Fläche 3:
Laut Schemazeichnung wie bei der Crazy-Fläche **2** beschrieben arbeiten, jedoch das Rechteck auf eine Größe von 11,5 x 31,5 cm zurechtschneiden.

Crazy-Fläche 4:
Laut Schemazeichnung wie bei der Crazy-Fläche **1** beschrieben arbeiten, jedoch vor dem Zusammennähen der Crazy-Flächen **a - c** zwischen die Flächen **b** und **c** noch einen mit einem Schriftzug bedruckten Streifen nähen. Das Rechteck auf eine Größe von 17,5 x 27,5 cm zurechtschneiden.

Crazy-Fläche 5:
Laut Schemazeichnung wie bei der Crazy-Fläche **2** beschrieben arbeiten. Das Rechteck auf eine Größe von 19,5 x 9,5 cm zurechtschneiden.

Crazy-Fläche 6:
Laut Schemazeichnung wie bei der Crazy-Fläche **1** beschrieben je eine Fläche **a - d** nähen, dabei einen mit einem Schriftzeichen bedruckten Stoff einarbeiten. Dann diese 4 Teile zum Rechteck zusammennähen und das Rechteck auf eine Größe von 31,5 x 27,5 cm zurechtschneiden.

Crazy-Fläche 7:
Laut Schemazeichnung wie bei der Crazy-Fläche **1** beschrieben nähen, dabei stets unregelmäßig schräge Streifen nebeneinander zusammensetzen. Diesen Streifen auf eine Größe von 9,5 x 65,5 cm zurechtschneiden.

Zusammensetzen - gesamte Vorderseite:
Laut Schemazeichnung an die Crazy-Fläche **2** das mit dem Motiv bedruckte Rechteck, an die Crazy-Fläche **5** das mit dem Motiv bedruckte Quadrat nähen. Danach für die obere Reihe die Crazy-Fläche **6**, die Crazy-Fläche **5** mit dem bedruckten Quadrat sowie die Crazy-Fläche **4** nebeneinander zusammensetzen. Dann für die untere Reihe die Crazy-Fläche **3**, die Crazy-Fläche **2** mit dem bedruckten Rechteck sowie die Crazy-Fläche **1** nebeneinander zusammennähen. Anschließend die Crazy-Fläche **7**, die obere und untere Reihe untereinander zusammensetzen.

Zusammensetzen der Lagen:

Siehe Lehrgang auf Seite 65.

Quilten:

Alle Teile in den Nahtlinien quilten.

Fertigstellung:

Die Rückseite und die Einlage auf die Größe des Vorderteils zurückschneiden. Die Einfassblenden an den Längsseiten links auf links aufeinander legen und einen Bruch bügeln. Danach zuerst die kurzen Einfassblenden mit den offenen Kanten an die seitlichen Ränder nähen, Blenden auf die Rückseite wenden und von Hand annähen. Anschließend die langen Einfassblenden am oberen und unteren Rand genauso annähen, dabei vor dem Wenden auf die Rückseite zuerst noch die Schmalseiten nach innen bügeln. Für den Aufhängetunnel den Streifen an den Längsseiten rechts auf rechts aufeinander legen und an allen 3 offenen Seiten zusammennähen, dabei ein Stück zum Wenden offen lassen. Streifen wenden. Öffnung schließen und den Aufhängetunnel mit kleinen Saumstichen auf der Rückseite des Wandbehanges befestigen.

Schemazeichnung: Aufbau gesamte Vorderseite

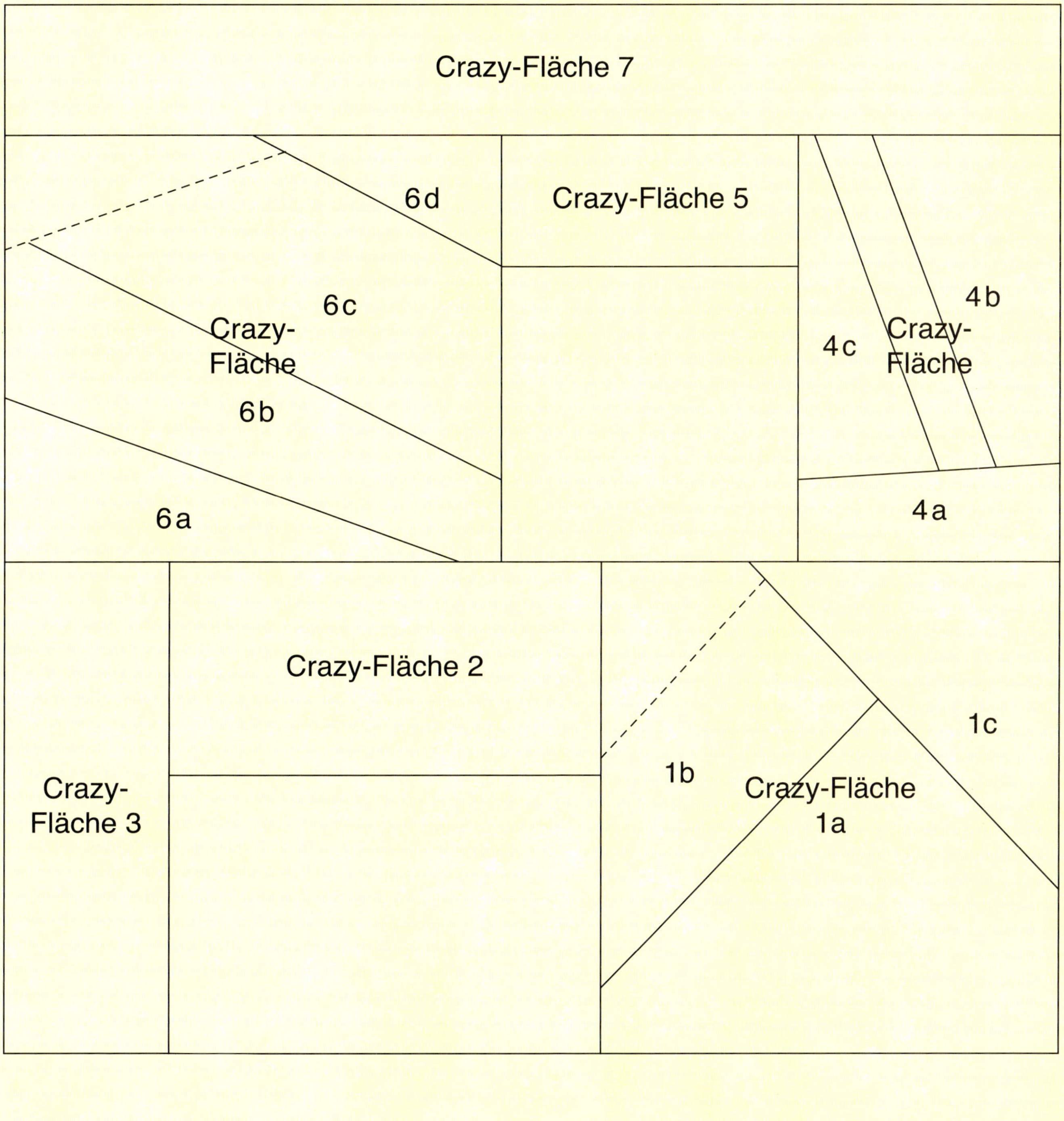

Edles Leinen für liebe Freunde

Karte mit quadratischem Ausschnitt in Flechttechnik

*

Größe: Ca. 15 x 21 cm

Material:

Verschiedene naturfarbene und beige Leinenstoffreste von mindestens 11 cm Länge.

- ***Zubehör:***
  Siehe Material- und Werkzeugliste auf Seite 6/7
- ***Zusätzliches Zubehör:***
  Ein Rest dicke, naturfarbene Schaf- oder Bouclé-Wolle; ein ca.15 x 15 cm großes Stück naturfarbenes Bananenpapier; 30 x 42 cm gewellte Naturwellpappe; ca. 14,5 x 20,5 cm naturfarbenen Fotokarton; etwas Alleskleber.

Zuschneiden:

Die Leinenstoffreste in 14 ca. 11 cm lange Streifen von je ca. 1 - 1,5 cm Breite schneiden. Aus der Wolle ebenfalls 4 - 5 ca. 11 cm lange Stücke schneiden. Aus dem Bananenpapier ein Quadrat von ca. 11,5 x 11,5 cm ausreißen. In der Mitte dieses Quadrates ein Quadrat von 9 x 9 cm ausschneiden.

Ausführung:

Je 7 Leinenstoffstreifen in Höhe und Breite nebeneinander legen, dabei laut Abbildung bzw. nach Wunsch einige Wollfäden mitfassen. Oberen und rechten seitlichen Rand zusammenheften. Danach mit diesen Streifen ein Quadrat flechten und mit einigen Vorstichen zusammenhalten, dabei die Wollfäden ebenfalls etwas mitfassen. Die Wellpappe zur Hälfte falten. An der Vorderseite je 3 cm vom oberen sowie vom rechten Rand entfernt ein Quadrat von 9 x 9 cm ausschneiden. Stoffquadrat unter den Ausschnitt, auf die Innenseite den Fotokarton kleben. Bananenpapier (siehe Abbildung) um den Ausschnitt kleben.

Karte mit rautenförmigem Ausschnitt in Flechttechnik

*

Größe: Ca. 15 x 21 cm

Material:

Verschiedene naturfarbene und beige Leinenstoffreste von mindestens 12 cm Länge, dabei sollten 3 Streifen ca. 22 cm lang sein.

- ***Zubehör:***
  Siehe Material- und Werkzeugliste auf Seite 6/7
- ***Zusätzliches Zubehör:***
  30 x 42 cm gewellte Naturwellpappe; ca. 14,5 x 20,5 cm naturfarbenen Fotokarton; etwas Alleskleber; eine ca. 2,5 x 2,5 cm große Perlmutt-Schließe.

Zuschneiden:

Die Leinenstoffreste in 11 ca. 12 cm lange Streifen und 3 ca. 22 cm lange Streifen von je ca. 1 - 1,5 cm Breite schneiden.

Ausführung:

Je 7 Leinenstoffstreifen in Höhe und Breite nebeneinander legen, dabei am rechten unteren Rand die 3 langen Streifen (= 1 Streifen der Breite und 2 Streifen der Höhe) überhängen lassen. Oberen und rechten seitlichen Rand zusammenheften. Danach mit diesen Streifen ein auf der Spitze stehendes Quadrat flechten und mit einigen Vorstichen zusammenhalten. Die Wellpappe zur Hälfte falten. An der Vorderseite je ca. 1,5 cm vom oberen sowie dem rechten Rand entfernt ein auf der Spitze stehendes Quadrat von 9 x 9 cm ausschneiden. Aus dem ausgeschnittenen Quadrat nochmals ein Quadrat von 8 x 8 cm ausschneiden. Stoffquadrat unter den Ausschnitt kleben. Das ausgeschnittene Wellpappen-Quadrat (= Rahmen) um 90 Grad drehen und (siehe Abbildung) über das Stoffquadrat kleben, dabei die überhängenden Stoffstreifen mit der Schließe zusammenfassen. Auf die Innenseite den Fotokarton kleben.

Herzstück in Weiß

Weißer Wandbehang mit Quilt- und Trapuntoarbeiten

***
Größe: Ca 37 x 37 cm

Material:
- *Für die Vorder- und Rückseite:*
  100 x 115 cm weißer Baumwollstoff
- *Für die Einlage:*
  Ca. 45 x 45 cm Vlieseline Volumenvlies 248.
- **Zubehör:**
  Siehe Material- und Werkzeugliste auf Seite 6/7.
- *Zusätzliches Zubehör:*
  Reste eines dicken weißen Synthetic- oder Baumwoll-Strickgarnes; ein Rest Bastelwatte; eine Trapunto-Nadel oder eine dicke Stopfnadel; eine Sticknadel mit großer Öse.

Vorbereiten:
Zuerst das Quiltmotiv abpausen.

Zuschneiden:
Nahtzugabe inklusive 0,75 cm.
Vorderseite zuschneiden:
1 Quadrat von ca. 45 x 45 cm in Weiß.
Rückseite zuschneiden:
1 Quadrat von ca. 45 x 45 cm in Weiß.
Einlage zuschneiden:
1 Quadrat von ca. 45 x 45 cm Volumenvlies.
Einfassblende zuschneiden:
Aus dem Reststoff einen Schrägstreifen von 3,5 x ca. 180 cm zuschneiden. Zuschneiden von Schrägstreifen siehe Lehrgang auf Seite 67.
Aufhängetunnel zuschneiden:
1 Streifen von 35 x 8 cm in Weiß.

Zusammensetzen der Lagen:
Siehe Lehrgang auf Seite 65.

Quilten:
Das Quiltmotiv mittig auf die Vorderseite übertragen und nachquilten, dabei möglichst kleine Stiche arbeiten.

Trapunto:
Das weiße Strickgarn mehrfach in die Trapunto- oder Sticknadel einfädeln und die Fäden von der Rückseite aus in die spindelförmigen Motive des Mittelteiles sowie in den inneren Rand einziehen. Darauf achten, dass bei jedem neuen Einstechen jeweils ca. 2 cm Faden außerhalb eines Tunnels stehen bleiben, damit die Arbeit nicht unter Spannung gerät und sich nicht verziehen kann. Außerdem beim Einziehen der Fäden das Volumenvlies **nicht** durchstechen. Gefüllt wird nur der Hohlraum zwischen Vlies und Rückseite. Nun in die Rückseite der Herzen mittig einen ca. 2 cm langen Schlitz schneiden, dabei auch hier **keinesfalls** das Vlies mitfassen. Nun mit Hilfe der Trapuntonadel oder der Öse der Stopfnadel die Herzen gleichmäßig mit Bastelwatte ausstopfen, dabei stets nur kleinste Portionen auf einmal einschieben und nicht zu stark ausstopfen, damit sich die Arbeit nicht verzieht. Anschließend den Schlitz mit Hexenstichen schließen.

Fertigstellung:
Den Quilt auf eine Größe von ca. 37 x 37 cm zurückschneiden und mit dem Schrägband einfassen, dabei am jeweils tiefsten Punkt zwischen den Bogen je eine kleine Falte legen. Für den Aufhängetunnel den Streifen an den Längsseiten rechts auf rechts aufeinander legen und an allen 3 offenen Seiten zusammennähen, dabei ein Stück zum Wenden offen lassen. Streifen wenden. Öffnung schließen und den Aufhängetunnel mit kleinen Saumstichen auf der Rückseite des Wandbehanges befestigen.

... weiter gehts auf Seite 50 ...

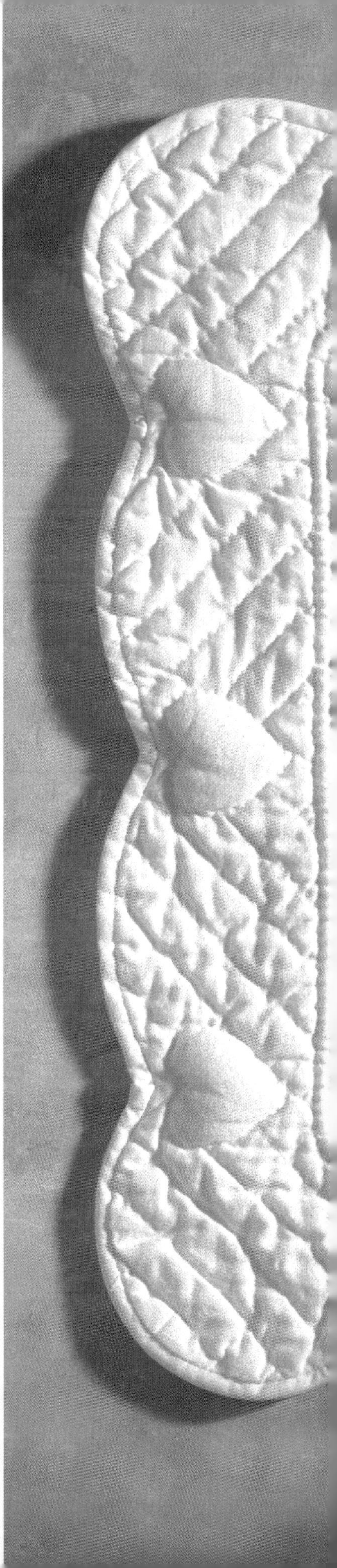

Quiltmotiv – Ausschnitt in Originalgröße (Motiv ab der Mitte gegengleich ergänzen)

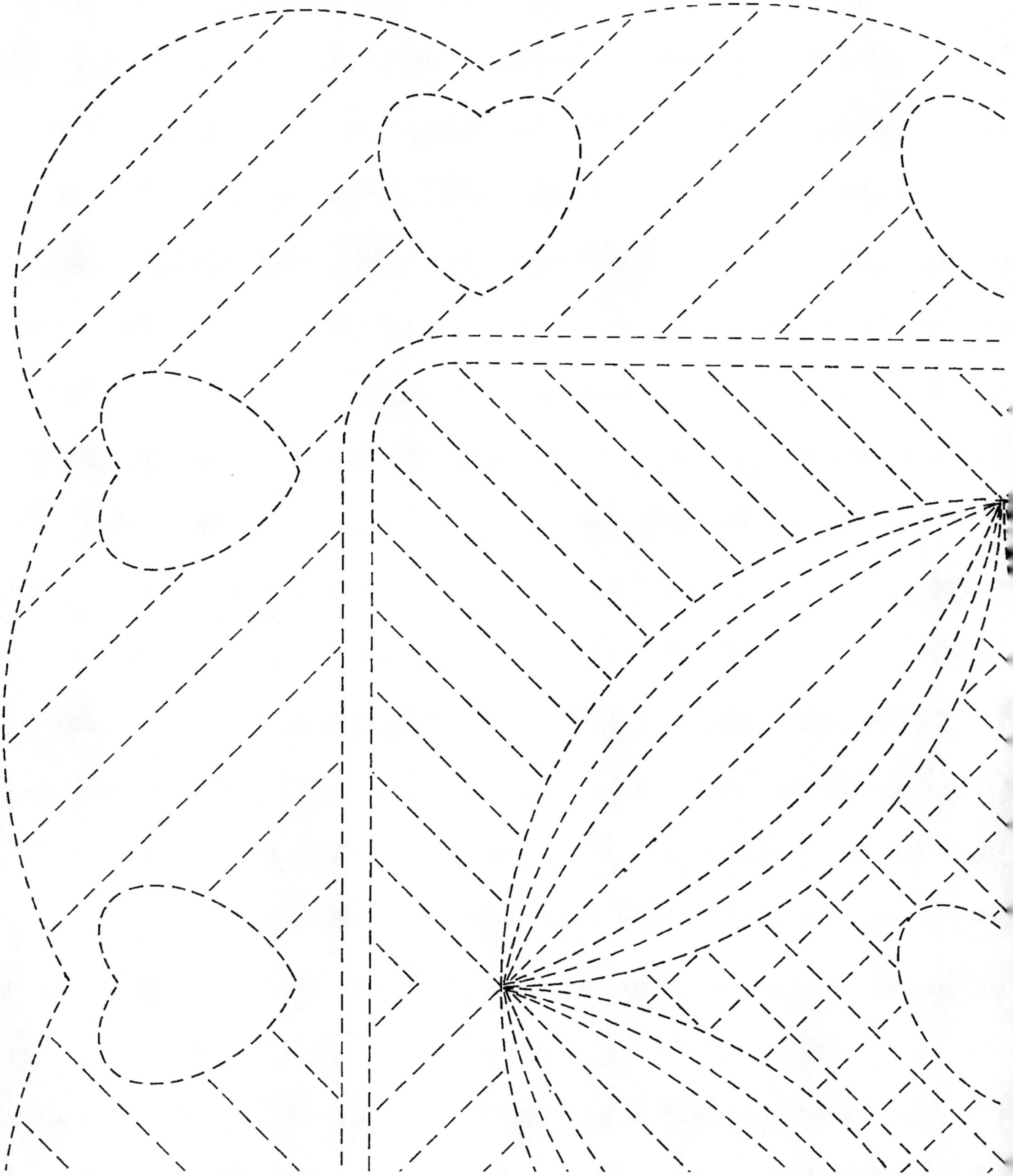

Sternenfunkeln & Meeresrauschen

Wandbehang mit Lone-Star – Stern von Bethlehem

*****
Größe: 83 x 83 cm

Material:

- *Für die Vorderseite und die Einfassblende:*
  50 cm Dunkelblau-marmoriert
  5 cm Blau-grün-gepunktet
  15 cm Wasserblau-gemustert
  20 cm Wasserblau-marmoriert
  30 cm Hellblau-marmoriert
  35 cm Helltürkis-marmoriert
  25 cm Mint-gemustert
  15 cm Smaragd-gemustert
  15 cm Smaragd-türkis-marmoriert
  20 cm Blau-smaragd-gemustert
  20 cm Grün-türkis-blau-lila-silber-gemustert
  80 cm Weiß-Ton-in-Ton-gemustert
- *Für die Rückseite und den Aufhängetunnel:*
  110 cm Weiß-Ton-in-Ton-gemustert
  Alle Stoffe sind je 115 cm breit.
- *Für die Einlage:*
  Ca. 90 x 90 cm Vlieseline Volumenvlies 280
- *Zubehör:*
  Siehe Material- und Werkzeugliste auf Seite 6/7.

Vorbereiten:

Zuerst die Dreieck-Schablonen **1 und 2** sowie die Schablonen für die Teile **3 und 4** vorbereiten (siehe Material- und Werkzeugliste von Seite 6/7 sowie Lehrgang auf Seite 62). Für die Dreieck-Schablone **1** ein Quadrat von 5,75 x 5,75 cm aufzeichnen und dieses Quadrat 1 x in der Diagonalen durchschneiden. 1 Dreieck hiervon ergibt die Dreieck-Schablone **1**. Für die Dreieck-Schablone **2** ein Quadrat von 8 x 8 cm aufzeichnen und dieses Quadrat 2 x in der Diagonalen durchschneiden. 1 Dreieck hiervon ergibt die Dreieck-Schablone **2**. Für die Teile **3 und 4** je ein Rechteck von 4 x 11,5 cm aufzeichnen und ausschneiden. Für das Teil **3** am rechten Rand, für das Teil **4** am linken Rand je ein Dreieck im 45-Grad-Winkel abschneiden.

Zuschneiden:

Nahtzugabe inklusive 0,75 cm. An den Schablonen zusätzlich je 0,75 cm Nahtzugabe an allen Seiten.

Zuschneiden von Dreiecken 1 ohne Schablonen:
Je ein Quadrat von 8,25 x 8,25 cm zuschneiden und diese Quadrate je 1 x in der Diagonalen durchschneiden. Dies ergibt je 2 Dreiecke **1**.

Zuschneiden von Dreiecken 2 ohne Schablonen:
Je ein Quadrat von 11,5 x 11,5 cm zuschneiden und diese Quadrate je 2 x in der Diagonalen durchschneiden. Dies ergibt je 4 Dreiecke **2**.

Zuschneiden der Teile 3 ohne Schablonen:
Je ein Rechteck von 5,5 x 14 cm zuschneiden und am rechten Rand ein Dreieck im 45-Grad-Winkel abschneiden.

Zuschneiden der Teile 4 ohne Schablonen:
Je ein Rechteck von 5,5 x 14 cm zu- und am linken Rand ein Dreieck im 45-Grad-Winkel abschneiden.

Teile für die großen Rauten des Mittelsternes zuschneiden:
Je 1 Streifen von 3,5 x 50 cm in Dunkelblau-marmoriert und Grün-türkis-blau-lila-silber-gemustert.
Je 2 Streifen von 3,5 x 50 cm in Blau-grün-gepunktet und Blau-smaragd-gemustert.
Je 3 Streifen von 3,5 x 50 cm in Wasserblau-gemustert und Smaragd-türkis-marmoriert.
Je 4 Streifen von 3,5 x 50 cm in Wasserblau-marmoriert und Smaragd-gemustert.
Je 5 Streifen von 3,5 x 50 cm in Hellblau-marmoriert und Mint-gemustert.
6 Streifen von 3,5 x 50 cm in Helltürkis-marmoriert.

Teile für die großen Umrandungsrauten zuschneiden:
Je 2 Streifen von 3,5 x 50 cm in Blau-smaragd-gemustert, Dunkelblau-marmoriert und Smaragd-türkis-marmoriert.
Je 3 Streifen von 3,5 x 50 cm in Wasserblau-gemustert und Smaragd-gemustert.
Je 4 Streifen von 3,5 x 50 cm in Wasserblau-marmoriert und Mint-gemustert.
Je 5 Streifen von 3,5 x 50 cm in Hellblau-marmoriert und Helltürkis-marmoriert.
6 Streifen von 3,5 x 50 cm in Grün-türkis-blau-lila-silber-gemustert.

Teile für kleine Sternenrauten zuschneiden:
Je 2 Streifen von 3,5 x 90 cm in Blau-smaragd-gemustert, Grün-türkis-blau-lila-silber-gemustert, Helltürkis-marmoriert und Hellblau-marmoriert.

Zwischenteile zuschneiden:
8 Quadrate von je 14,5 x 14,5 cm in Weiß-Ton-in-Ton-gemustert
Je 8 Teile **3 und 4** in Weiß-Ton-in-Ton-gemustert.
4 Quadrate von je 7,25 x 7,25 cm in Weiß-Ton-in-Ton-gemustert.
Je 8 Dreiecke **1 und 2** in Weiß-Ton-in-Ton-gemustert

Umrandungsstreifen der kleinen halben Sterne zuschneiden:
Je 4 Streifen von 3,5 x 24 cm und 3,5 x 26 cm in Dunkelblau-marmoriert, dabei am kurzen Streifen am linken Rand, am etwas längeren Streifen am rechten Rand je ein Dreieck im 45-Grad-Winkel abschneiden.

Rückseite zuschneiden:
1 Quadrat von ca. 90 x 90 cm in Weiß-Ton-in-Ton-gemustert.

Einlage zuschneiden:
1 Quadrat von ca. 90 x 90 cm Volumenvlies.

Einfassblende zuschneiden:
2 Streifen von 5,5 x 82,5 cm und 2 Streifen von 5,5 x 84,5 cm in Dunkelblau-marmoriert.

Aufhängetunnel zuschneiden:
1 Streifen von 10 x 82 cm in Weiß-Ton-in-Ton-gemustert.

... weiter gehts auf Seite 54 ...

Zusammensetzen:

Zusammensetzen der Streifen für die Sternenrauten des Mittelteiles:

Streifenfläche A zusammensetzen:
Nacheinander einen dunkelblau-marmorierten, blau-grün-gepunkteten, wasserblau-gemusterten, wasserblau-marmorierten, hellblau-marmorierten und helltürkis-marmorierten Streifen an den Längsseiten zusammennähen, dabei den 2. und jeden folgenden Streifen jeweils nach unten versetzt beginnen.

Streifenfläche A

Streifenfläche B

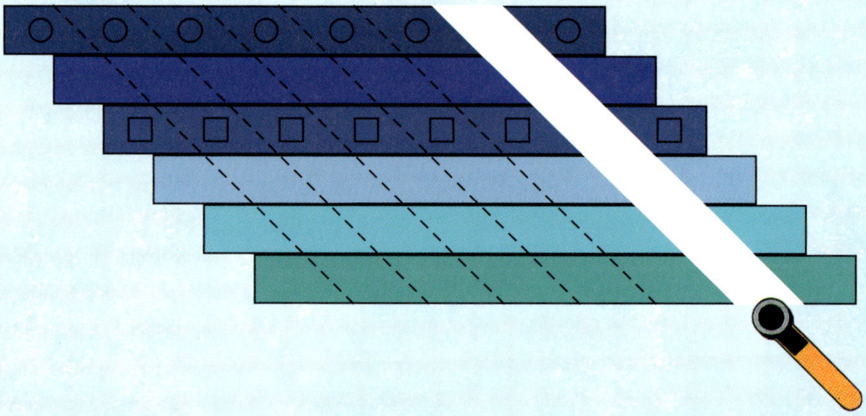

Streifenfläche B zusammensetzen:
Nacheinander einen blau-grün-gepunkteten, wasserblau-gemusterten, wasserblau-marmorierten, hellblau-marmorierten, helltürkis-marmorierten und mint-gemusterten Streifen an den Längsseiten zusammennähen, dabei den 2. und jeden folgenden Streifen jeweils nach unten versetzt beginnen.

Streifenfläche C

Streifenfläche C zusammensetzen:
Nacheinander einen wasserblau-gemusterten, wasserblau-marmorierten, hellblau-marmorierten, helltürkis-marmorierten, mint-gemusterten und smaragd-gemusterten Streifen an den Längsseiten zusammennähen, dabei den 2. und jeden folgenden Streifen jeweils nach unten versetzt beginnen.

Streifenfläche D zusammensetzen:
Nacheinander einen wasserblau-marmorierten, hellblau-marmorierten, helltürkis-marmorierten, mint-gemusterten, smaragd-gemusterten und smaragd-türkis-marmorierten Streifen an den Längsseiten zusammennähen, dabei den 2. und jeden folgenden Streifen jeweils nach unten versetzt beginnen.

Streifenfläche D

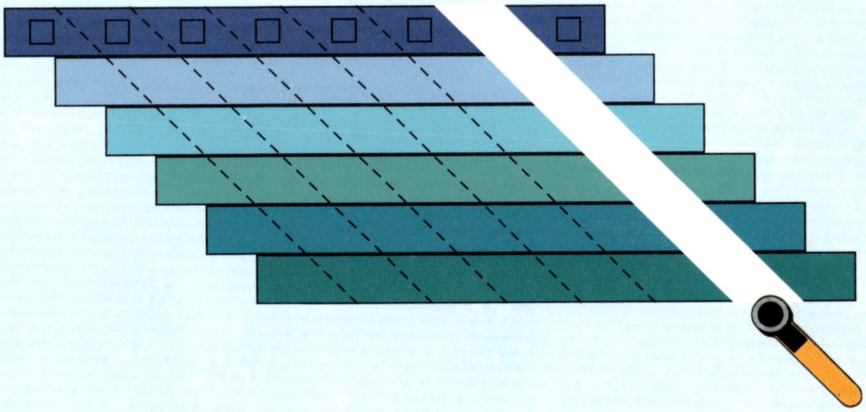

Streifenfläche E zusammensetzen:
Nacheinander einen hellblau-marmorierten, helltürkis-marmorierten, mint-gemusterten, smaragd-gemusterten, smaragd-türkis-marmorierten und blau-smaragd-gemusterten Streifen an den Längsseiten zusammennähen, dabei den 2. und jeden folgenden Streifen jeweils nach unten versetzt beginnen.

Streifenfläche E

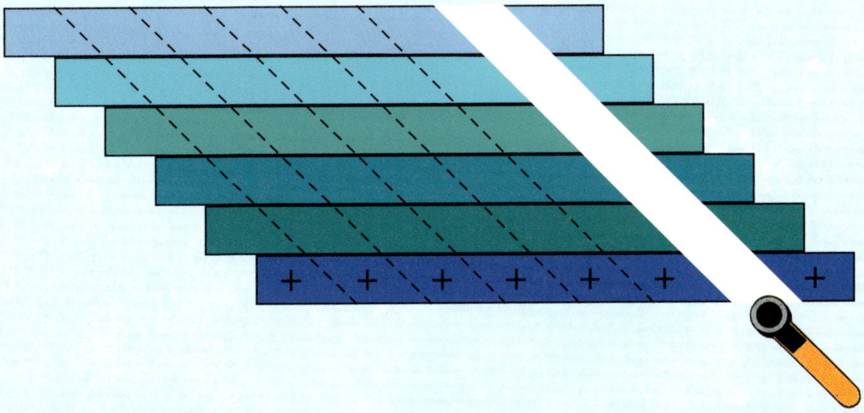

Streifenfläche F zusammensetzen:
Nacheinander einen helltürkis-marmorierten, mint-gemusterten, smaragd-gemusterten, smaragd-türkis-marmorierten, blau-smaragd-gemusterten und grün-türkis-blau-lila-silber-gemusterten Streifen an den Längsseiten zusammennähen, dabei den 2. und jeden folgenden Streifen jeweils nach unten versetzt beginnen.
Danach die Streifenflächen bügeln, dabei die Streifenflächen **A, C und E** in eine Richtung, die Streifenflächen **B und D** in die entgegengesetzte Richtung bügeln. Beim Bügeln die Streifen senkrecht auf das Bügelbrett legen (siehe Lehrgang auf Seite 65).

Streifenfläche F

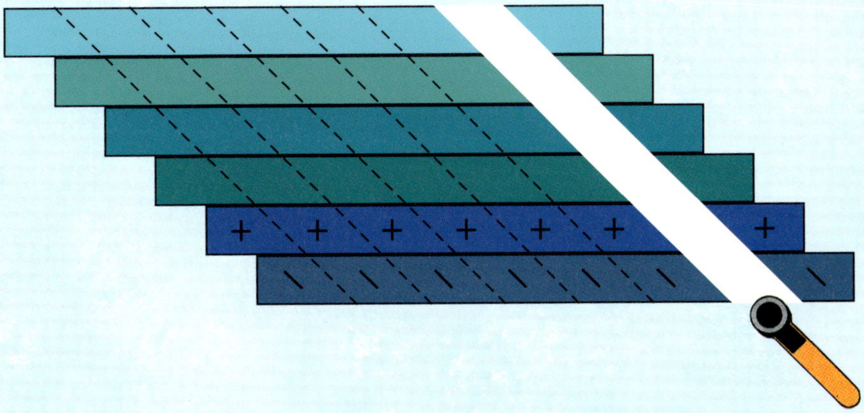

... weiter gehts auf Seite 56 ...

Zusammensetzen einer großen Raute für Mittelstern:
Aus den Streifenflächen **A - F** laut Schemazeichnungen je 8 Schrägstreifen in einer Breite von je 3,5 cm im 45-Grad-Winkel zuschneiden und zu 8 gleich großen Rauten zusammennähen. Die Spitzen jeder kleinen Raute treffen aufeinander.

Große Rauten für Mittelstern

Zusammensetzen der Rauten zum großen Stern:
Laut Schemazeichnung zuerst je 2 Rauten zu 4 Viertel-Sternen zusammennähen, dabei jeweils von der Mitte des Sternes nach außen nähen, 0,75 cm vor den Nahtlinien enden und das Nahtende jeweils sichern. Danach je 2 Viertelsterne zu 2 halben Sternen, dann die beiden halben Sterne zum ganzen Stern genauso zusammennähen.

Mittelstern

Zusammensetzen der Streifen für die großen Rauten der Umrandung:

Streifenfläche G zusammensetzen:
Nacheinander einen blau-smaragd-gemusterten, dunkelblau-marmorierten, wasserblau-gemusterten, wasserblau-marmorierten, hellblau-marmorierten und grün-türkis-blau-lila-silber-gemusterten Streifen an den Längsseiten zusammennähen, dabei den 2. und jeden folgenden Streifen jeweils nach unten versetzt beginnen.

Streifenfläche G

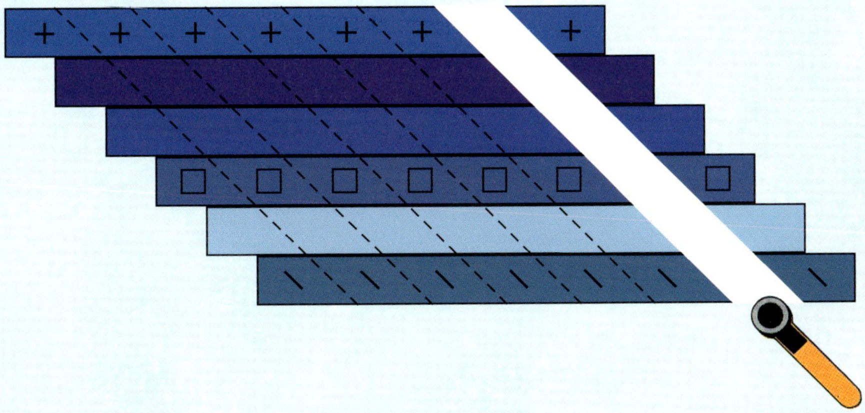

Streifenfläche H zusammensetzen:
Nacheinander einen dunkelblau-marmorierten, wasserblau-gemusterten, wasserblau-marmorierten, hellblau-marmorierten, grün-türkis-blau-lila-silber-gemusterten und helltürkis-marmorierten Streifen an den Längsseiten zusammennähen, dabei den 2. und jeden folgenden Streifen jeweils nach unten versetzt beginnen.

Streifenfläche H

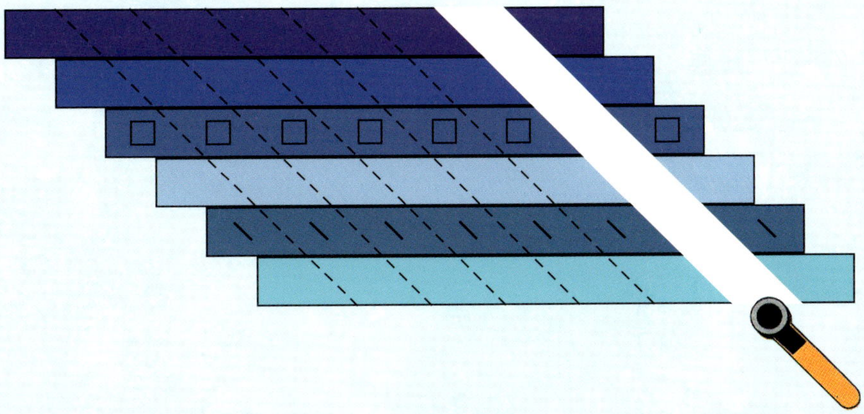

Streifenfläche I zusammensetzen:
Nacheinander einen wasserblau-gemusterten, wasserblau-marmorierten, hellblau-marmorierten, grün-türkis-blau-lila-silber-gemusterten, helltürkis-marmorierten und mint-gemusterten Streifen an den Längsseiten zusammennähen, dabei den 2. und jeden folgenden Streifen jeweils nach unten versetzt beginnen.

Streifenfläche I

... weiter gehts auf Seite 58 ...

Streifenfläche J zusammensetzen:
Nacheinander einen wasserblau-marmorierten, hellblau-marmorierten, grün-türkis-blau-lila-silber-gemusterten, helltürkis-marmorierten, mint-gemusterten und smaragd-gemusterten Streifen zusammennähen, dabei den 2. und jeden folgenden Streifen jeweils nach unten versetzt beginnen.

Streifenfläche J

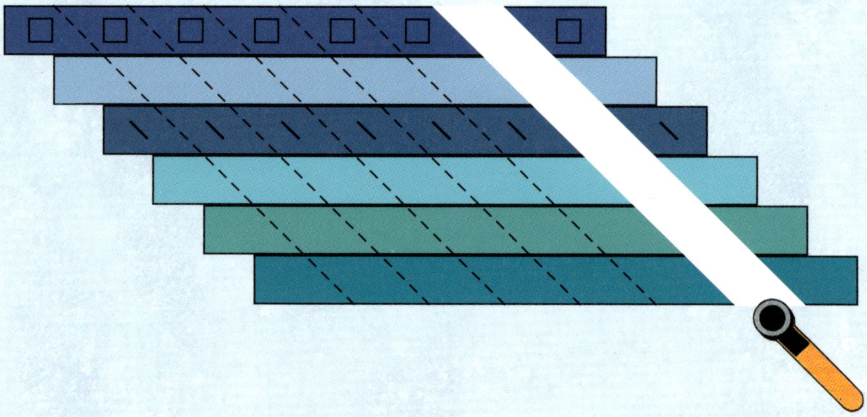

Streifenfläche K zusammensetzen:
Nacheinander einen hellblau-marmorierten, grün-türkis-blau-lila-silber-gemusterten, helltürkis-marmorierten, mint-gemusterten, smaragd-gemusterten und smaragd-türkis-marmorierten Streifen zusammennähen, dabei den 2. und jeden folgenden Streifen jeweils nach unten versetzt beginnen.

Streifenfläche K

Streifenfläche L zusammensetzen:
Nacheinander einen grün-türkis-blau-lila-silber-gemusterten, helltürkis-marmorierten, mint-gemusterten, smaragd-gemusterten, smaragd-türkis-marmorierten und blau-smaragd-gemusterten Streifen zusammennähen, dabei den 2. und jeden folgenden Streifen jeweils nach unten versetzt beginnen.
Danach die Streifenflächen **G - L** in eine Richtung bügeln.

Streifenfläche L

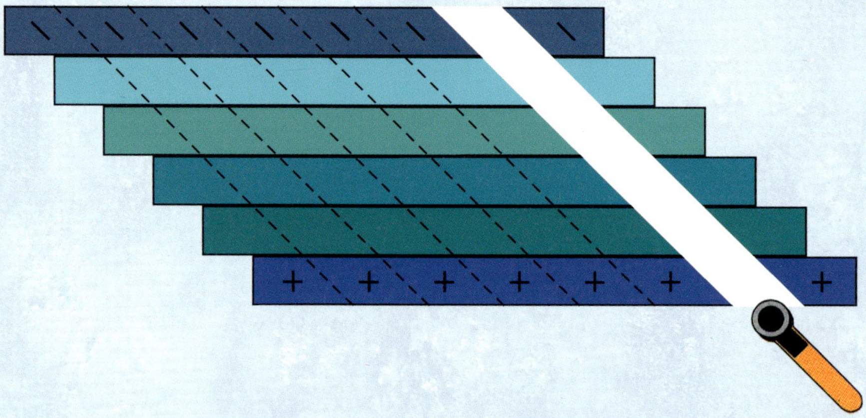

Zusammensetzen einer großen Raute für Umrandung (8 x arbeiten)**:**
Aus den Streifenflächen **G - L** laut Schemazeichnungen je 8 Schrägstreifen in einer Breite von je 3,5 cm im 45-Grad-Winkel zuschneiden und zu 8 gleich großen Rauten zusammennähen. Die Spitzen jeder kleinen Raute treffen aufeinander.

Große Rauten für Umrandung

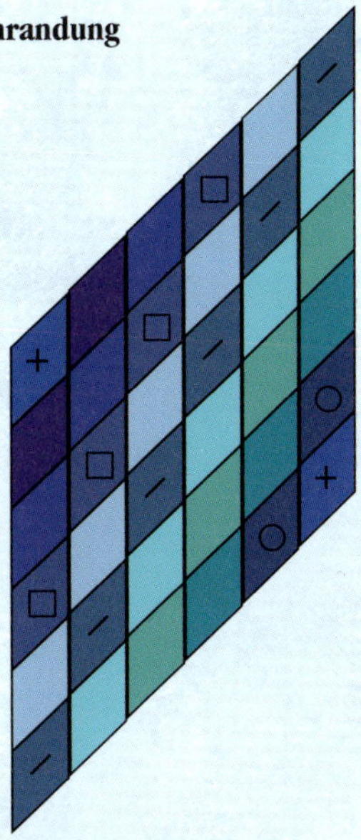

Streifenfläche M

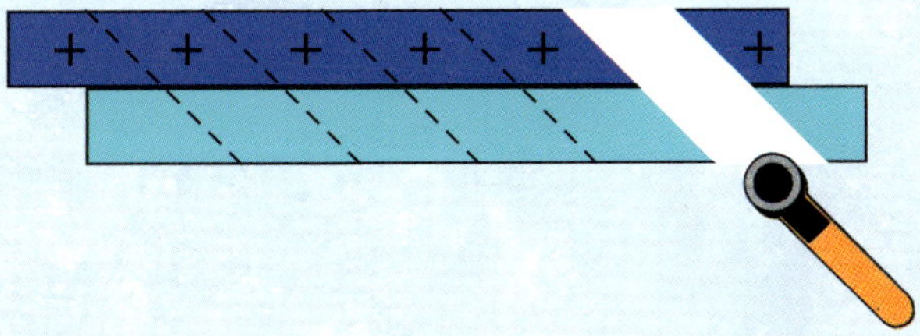

Zusammensetzen der Streifen für die kleinen Sternenrauten:
Streifenfläche M zusammensetzen:
2 x je einen hellblau-marmorierten und grün-türkis-blau-lila-silber-gemusterten Streifen an den Längsseiten zusammennähen, dabei den 2. Streifen etwas nach unten versetzt beginnen.

Streifenfläche N

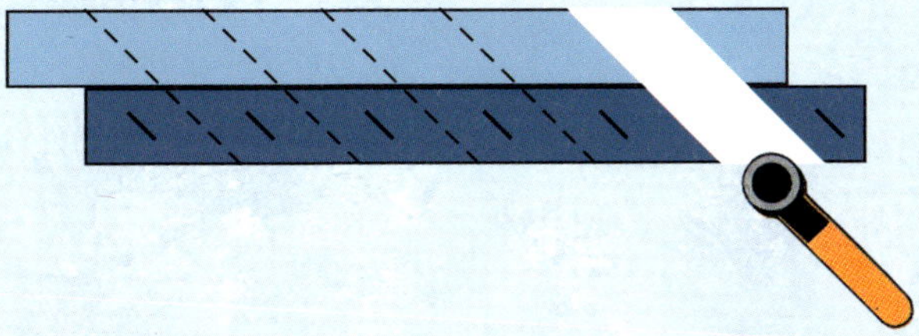

Streifenfläche N zusammensetzen:
2 x je einen blau-smaragd-gemusterten und helltürkis-marmorierten Streifen an den Längsseiten zusammennähen, dabei den 2. Streifen etwas nach unten versetzt beginnen.
Nähte der Streifenfläche **M** in eine Richtung, der Streifenfläche **N** in die entgegengesetzte Richtung bügeln.

Kleine Raute für kleine Sterne zusammennähen:
Aus den Streifenflächen **M und N** laut Schemazeichnungen je 32 Schrägstreifen in einer Breite von je 3,5 cm im 45-Grad-Winkel zuschneiden und je 16 kleine Rauten **A** laut Abbildung **a** und 16 kleine Rauten **B** laut Abbildung **b** zusammennähen.
Die Spitzen jeder kleinen Raute treffen aufeinander.

Kleine Rauten A und B für kleine Sterne

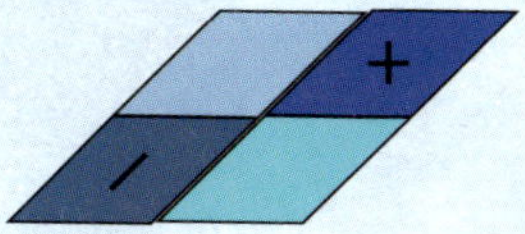

Abbildung a

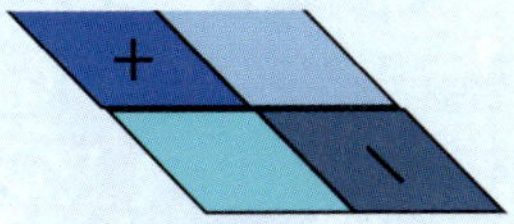

Abbildung b

... weiter gehts auf Seite 60 ...

Kleine Rauten an die Zwischenquadrate nähen (8 x ausführen)**:**
Zuerst 8 x je ein Teil **3** an die kleine Raute **A**, je ein Teil **4** an die kleine Raute **B** nähen.

Danach diese beiden Teile an je ein großes weißes Quadrat nähen, dabei an den schrägen Kanten die so genannten Y-Nähte anwenden. Wie solche Nähte zusammengesetzt werden, erfahren Sie im Lehrgang auf Seite 63. Zuletzt die schräge Ecke zusammennähen.

Kleine Raute Pfeil-3

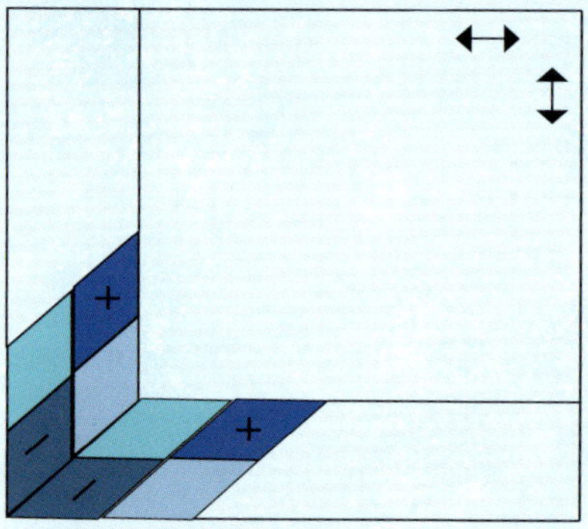

Ecke mit einem halben kleinen Stern zusammennähen (4 x arbeiten):
Zuerst 2 x je eine kleine Raute **A und B** zu 2 Viertel-Sternen zusammensetzen.

Kleine Raute

Danach an den rechten Rand eines Viertelsternes das kleine weiße Quadrat nähen, dabei auch hier das Prinzip einer Y-Naht anwenden. Nun an den linken Rand des Vierstelsternes ein weißes Dreieck **1** nähen. Anschließend zwischen die Spitzen ein weißes Dreieck **2** nähen, dabei ebenfalls eine Y-Naht arbeiten.

Kleine Raute Pfeil

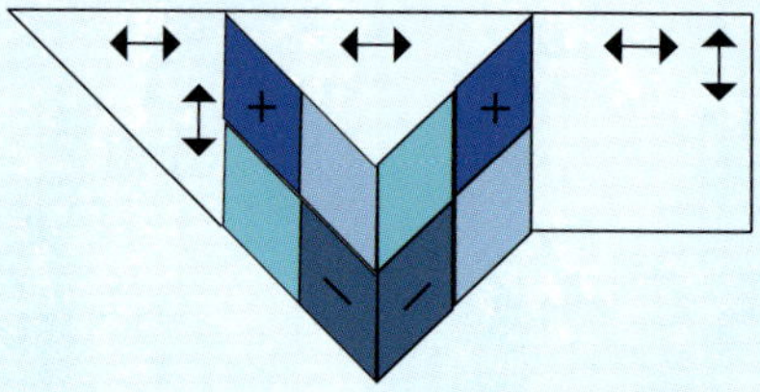

Danach an den rechten Rand des 2. Viertelsternes ein weißes Dreieck **1**, zwischen die Spitzen ein weißes Dreieck **2** nähen.

Kleine Raute Pfeil-2

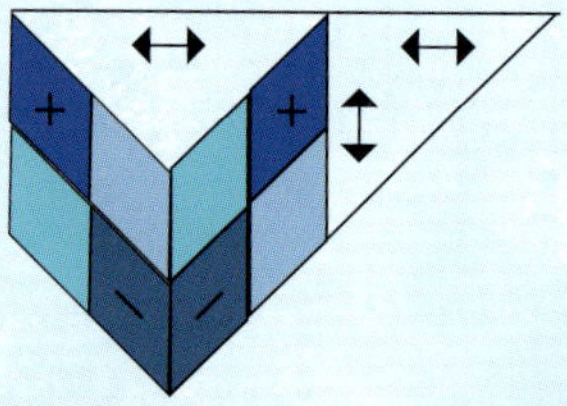

Anschließend diese beiden Teile zusammensetzen, dabei ebenfalls mit einer Y-Naht arbeiten. Nun noch an den oberen Rand den kurzen, dann an den rechten Rand den etwas längeren dunkelblau-marmorierten Streifen nähen.

Kleiner Stern

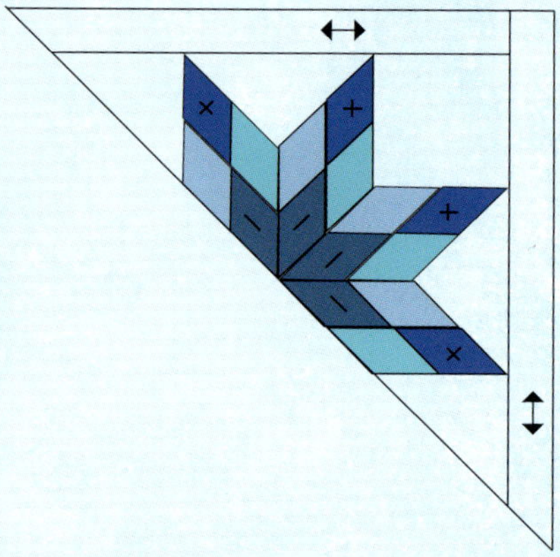

Ansetzen der Zwischenquadrate und Rauten an den Mittelstern:
Laut Schemazeichnung zum Aufbau der gesamten Vorderseite an alle 8 Sternspitzen je ein weißes mit einem kleinen Viertelstern versehenes Quadrat einnähen, dabei auch hier das Prinzip der Y-Naht anwenden. Danach an die Kanten der Quadrate die Rauten für die Umrandung nähen. Es entsteht ein Achteck. Zuletzt noch die Dreiecke mit den kleinen halben Sternen an die schrägen Seiten des Achteckes nähen.

Zusammensetzen der Lagen:

Siehe Lehrgang auf Seite 65.

Quilten:

Die Spitzen der dunkelblau-marmorierten und der wasserblau-marmorierten Rauten sowie die gesamte Umrandung des Mittelsternes in den Nahtlinien quilten. Ebenso die Umrandung der kleinen Sterne sowie der kleinen halben und Viertelsterne in den Nahtlinien quilten.

Schemazeichnung: Aufbau gesamte Vorderseite

Fertigstellung:

Die Rückseite und die Einlage auf Vorderteilgröße zurückschneiden. Die Einfassblenden an den Längsseiten links auf links aufeinander legen und einen Bruch bügeln. Danach zuerst die etwas kürzeren Einfassblenden mit den offenen Kanten an die seitlichen Ränder nähen. Blenden auf die Rückseite wenden und von Hand annähen. Anschließend die langen Einfassblenden am oberen und unteren Rand annähen, dabei vor dem Wenden auf die Rückseite zuerst noch die Schmalseiten nach innen bügeln. Für den Aufhängetunnel den Streifen an den Längsseiten rechts auf rechts aufeinander legen und an allen 3 offenen Seiten zusammennähen, dabei ein Stück zum Wenden offen lassen. Streifen wenden. Öffnung schließen und den Aufhängetunnel mit kleinen Saumstichen auf der Rückseite des Wandbehanges befestigen.

Patchwork und Quilting

Millimetergenaues Arbeiten ist Voraussetzung für ein gutes Gelingen Ihrer Patchwork-Arbeit. Gewöhnen Sie sich deshalb direkt ein exaktes Zuschneiden und Zusammennähen der einzelnen Patchwork-Teile an.

VORBEREITEN IHRER PATCHWORK-ARBEIT:

Nach dem Waschen (siehe Einleitung auf Seite 6/7) und Sortieren Ihrer Stoffe können Sie die Schablonen vorbereiten. Dazu die Form (hier ein Dreieck) mit Seiden- oder Schnittpapier von der Originalschablone abnehmen und auf ein Stück Karton übertragen, dabei gleich den Fadenlauf markieren (siehe Abbildung).

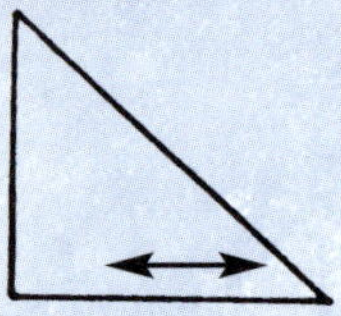

Tipp!
Mittels Kopierpapier können Sie die Schablonen auch direkt von unserer Originalschablone auf den Karton übertragen. Dazu den Karton unter die entsprechende Schablone legen und mit einem Schneiderädchen die Schablonen nachfahren. Damit ist die entsprechende Schablone gleich auf dem Karton sichtbar. Bei Dreiecken sind meistens keine Originalschablonen vorhanden.
Die Schablonen anhand der angegebenen Maße direkt auf den Karton aufzeichnen. Um hierzu genaue Maße und einen genauen Winkel zu erhalten, sollten Sie zuvor Karo-Papier auf den Karton kleben. Dann können Sie sich an die entsprechenden Linien halten. Nun die Schablonen ausschneiden, dabei beim Ausschneiden die Nahtzugaben nicht vergessen.
Sie können jedoch auch an den Schablonen zuerst die Umrisse nachzeichnen und zusätzlich die Nahtzugaben an allen Seiten einzeichnen (siehe Abbildung). Damit haben Sie gleich die fertigen Schablonen und können direkt daran entlang schneiden.

Tipp!
Zum Einzeichnen der Nahtzugaben gibt es einen sogenannten Dream Seamer (Nahtzugaberädchen), der besonders für Kurvenschablonen sehr hilfreich ist.

Kurvenschablonen:
An Kurvenschablonen oder Formen, die schwierig einzupassen sind, ist es ratsam, an die Nahtzugaben Markierungen einzuzeichnen, an denen kleine Kerben eingeschnitten werden (siehe Abbildung unten).

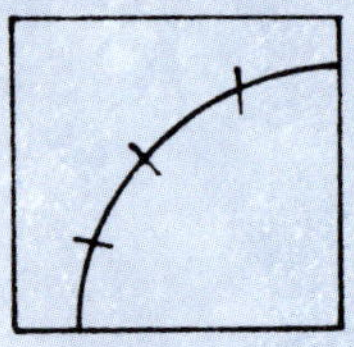

Sind diese Kerben dann auf den Stoff übertragen, können die Nähte exakt zusammengenäht werden (siehe Abbildungen unten).

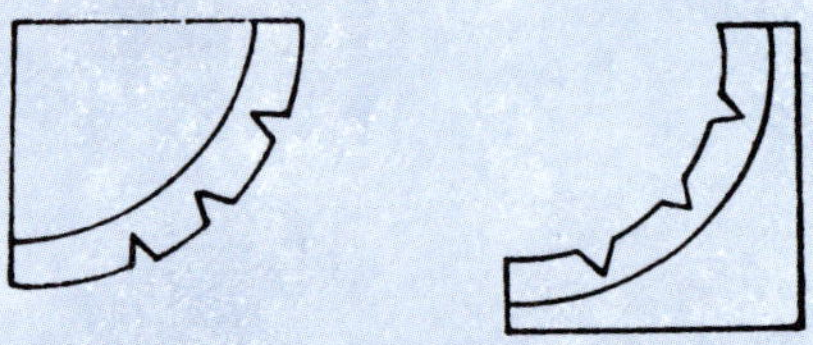

RATIONELLE ZUSCHNEIDE-METHODE - ohne Schablonen:

Quadrate, Rechtecke und Dreiecke können auch auf rationelle Art und Weise ohne Schablonen zugeschnitten werden.
Werden viele Dreiecke benötigt, können die Stoffe bis zu 4 x zusammengelegt werden. Die Formen werden dann mit Hilfe des Rollschneiders, der Schneidematte und des Universallineals millimetergenau zugeschnitten. Dabei folgendes beachten:

Für Quadrate und Rechtecke:
Die Formen mit den entsprechenden Maßen plus einer Nahtzugabe von je 0,75 cm an allen Seiten ausschneiden. Die Pfeile markieren den Fadenlauf (siehe Abbildungen).

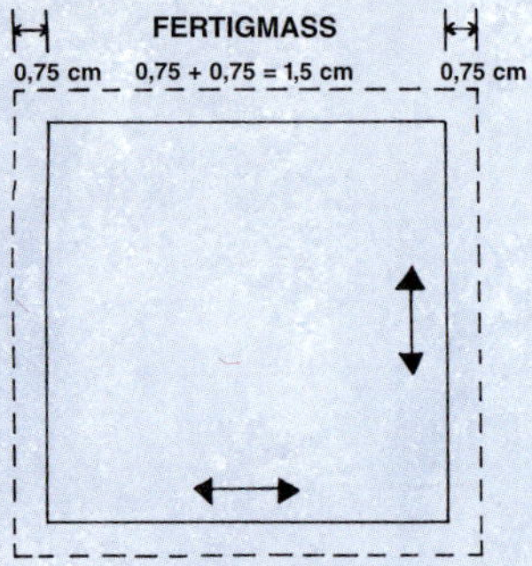

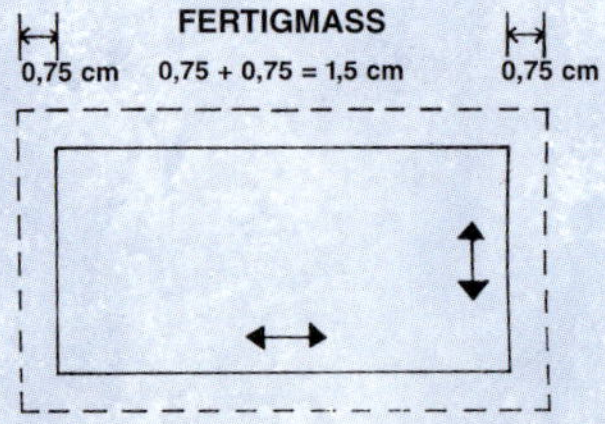

Für rechtwinklige Dreiecke, deren kurze Seiten im geraden Fadenlauf liegen:

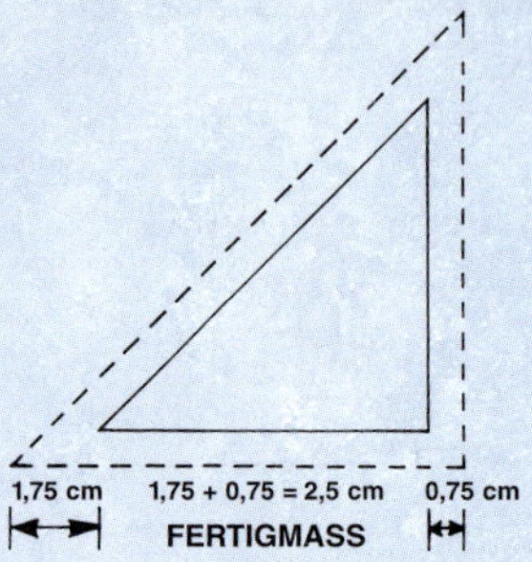

Für diese Dreiecke zuerst je 1 Quadrat mit den entsprechenden Maßen plus je 2,5 cm Nahtzugabe ausschneiden. Danach diese Quadrate 1 x in der Diagonalen durchschneiden. Die Pfeile markieren den Fadenlauf. Dies ergibt 2 Dreiecke (siehe Abbildungen **a - c** unten).

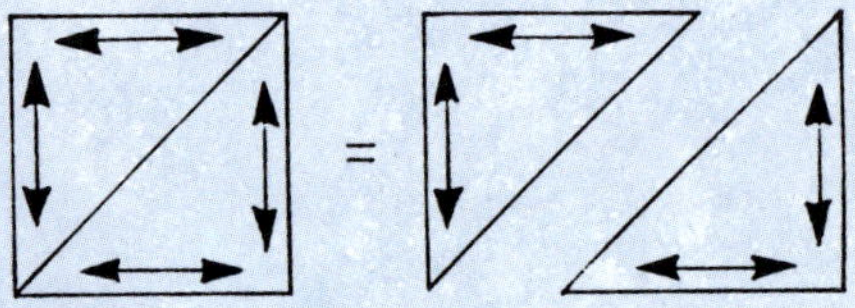

Abb. a **Abb. b** **Abb. c**

Für Dreiecke, deren lange Seiten im geraden Fadenlauf liegen:

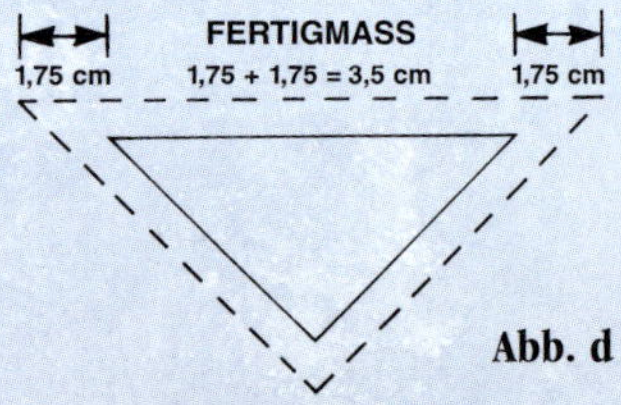

Abb. d

Für diese Dreiecke zuerst je 1 Quadrat mit den entsprechenden Maßen plus je 3,5 cm Nahtzugabe ausschneiden. Danach diese Quadrate je 2 x in der Diagonalen durchschneiden. Die Pfeile markieren den Fadenlauf. Dies ergibt je 4 Dreiecke (siehe Abbildung **e- f** unten).

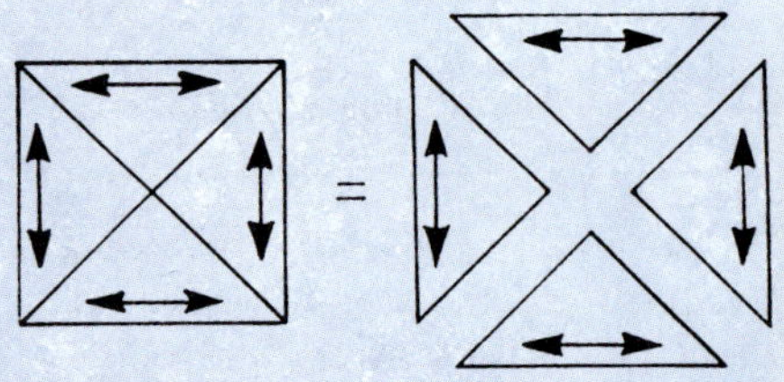

Abb. e **Abb. f**

DAS ZUSAMMENNÄHEN:

Am Anfang und Ende, bei großen Patchworkteilen auch dazwischen verteilt, je 1 Stecknadel anbringen (siehe Abbildung unten).

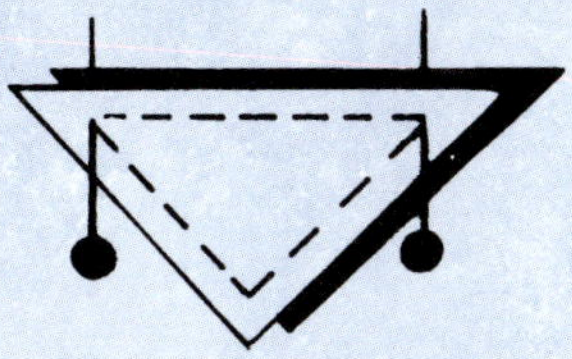

Mit der Hand:
Nun die Nähte mit kleinen Vorstichen entsprechend der jeweiligen Nahtzugaben zusammennähen (siehe Abbildungen unten).

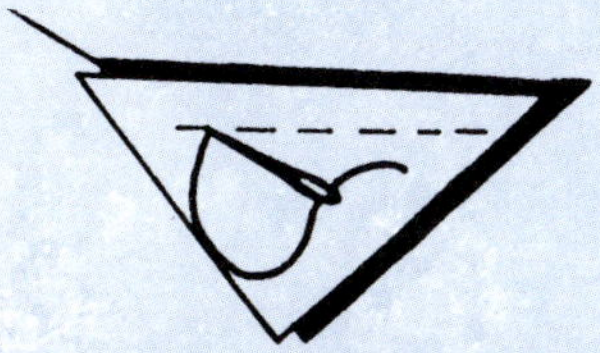

Mit der Nähmaschine:
Am Anfang und Ende, bei großen Patchwork-Teilen auch dazwischen verteilt, je 1 Stecknadel anbringen (wie beim Handnähen). Danach die Stichlänge der Nähmaschine auf 10 - 12 Stiche pro 2,5 cm einstellen. An der Nähmaschine einen Klebestreifen im Abstand von 0,75 cm von der Nahtlinie entfernt anbringen (siehe Abbildung unten) oder ein entsprechend breites Nähfüßchen verwenden.

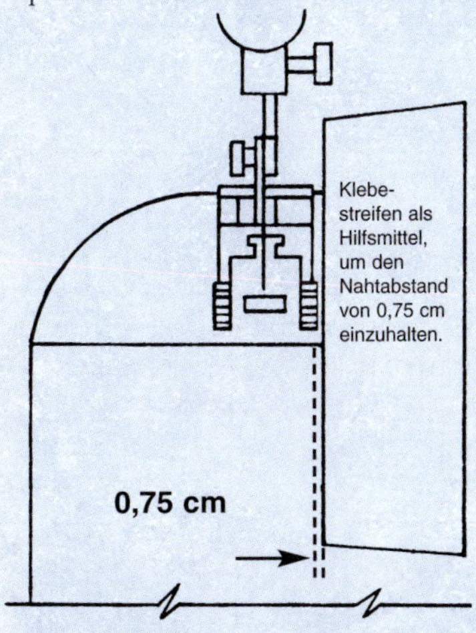

Nun die Teile mit 0,75 cm Nahtzugabe zusammennähen, dabei nacheinander die Stecknadeln entfernen (siehe Abbildung unten).

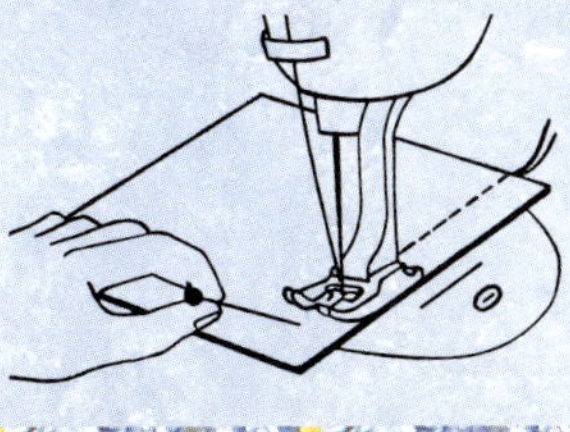

Gleiche Teile möglichst als Kette hintereinandernähen. Dies erspart Zeit und Faden. An den Nahtenden brauchen Sie keine Rückstiche zu machen (siehe Abbildung unten).

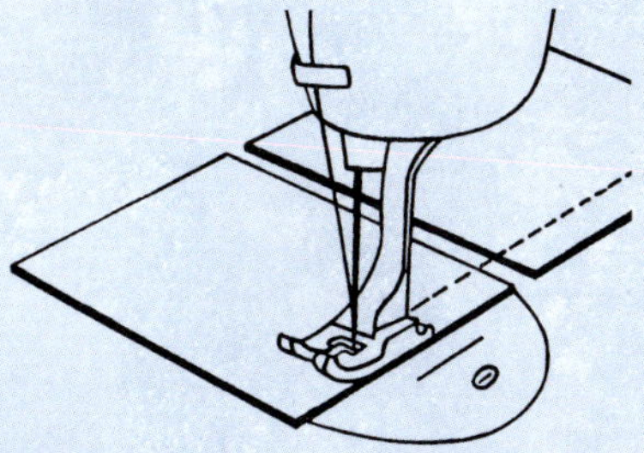

Dann die kettengenähten Teile aus der Nähmaschine nehmen und voneinander abschneiden. (siehe Abbildung rechts)

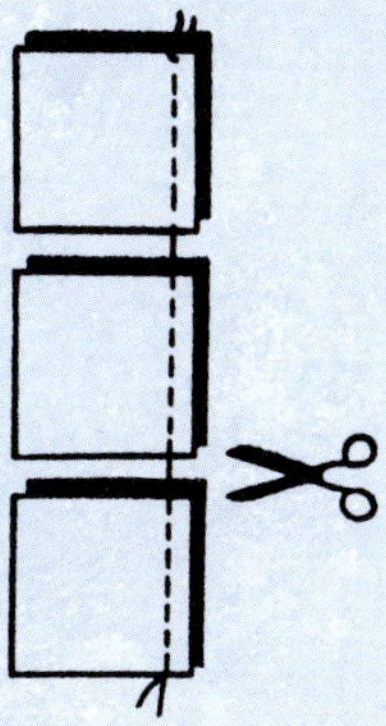

Y-NÄHTE:
Eine Y-Naht wird beim Einsetzen eines Teiles in eine Einheit mit einem Winkel benötigt. Zuerst je 2 zusammenpassende Teile zusammennähen, dabei den Nahtanfang und das Nahtende jeweils sichern (siehe Abbildung unten). Bei solchen Teilen ist es besser, das Kettennähen nicht anzuwenden.

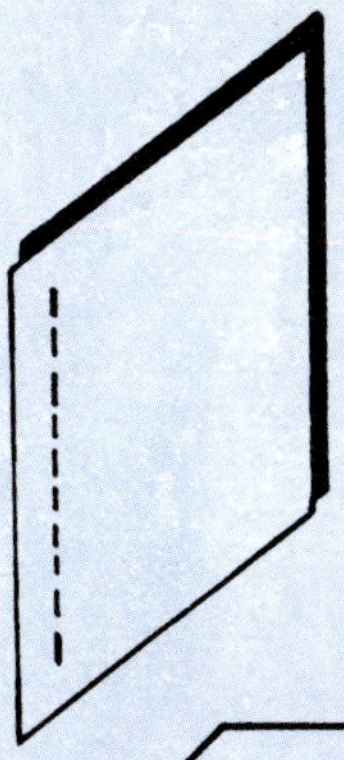

Außerdem beachten, dass 0,75 cm von den Nahtlinien (den sogenannten Eckpunkten) entfernt begonnen und geendet wird (siehe Abbildung unten).

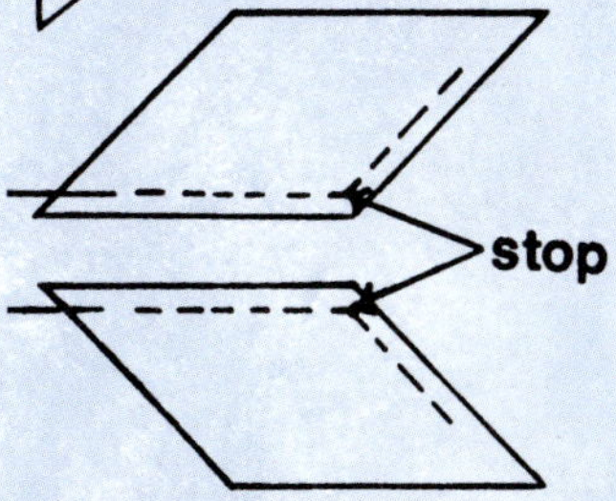

Nun das einzusetzende Teil (siehe Abbildung unten)

parallel mit einer Kante rechts auf rechts anlegen, dabei darauf achten, dass die Ecken genau eingepasst werden. 1 Stecknadel in die beiden Ecken stecken und die Naht von innen nach außen schließen, dabei 0,75 cm vom Nahtanfang (= Eckpunkt) entfernt beginnen und 0,75 cm vom Nahtende entfernt enden (siehe Abbildung unten). Nahtanfang und -ende mit einigen Rückstichen sichern.

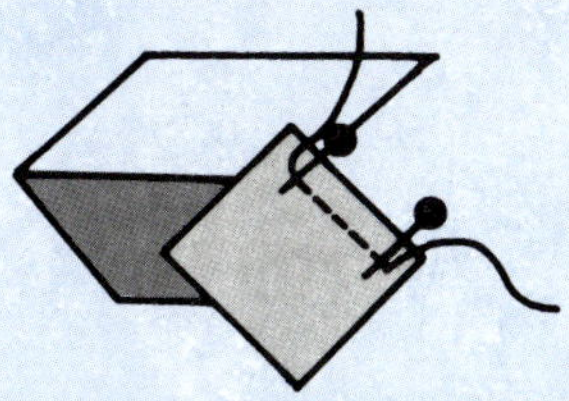

Nadeln entfernen und die 2. einzusetzende Kante genauso annähen, jedoch hier von außen nach innen nähen (siehe Abbildungen **a und b** unten).

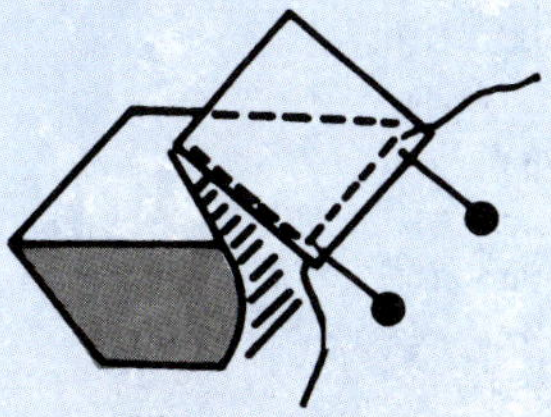

Abb. a

Abb. b

Die folgende Abbildung zeigt ein Quadrat, welches in 2 Rauten eingesetzt wurde. Dies benötigen Sie z. B. beim Lone-Star – Stern von Bethlehem.

Lehrgang

ZUSAMMENSETZEN DER PATCHWORKTEILE:

Schauen Sie sich zuerst den Patchwork-Block oder die Umrandung genau an. Bestehen alle Blöcke oder Umrandungen aus gleichen Teilen oder werden Dreiecke, Quadrate, Rechtecke usw. gemischt? Werden Dreiecke, Quadrate und Rechtecke gemischt, zuerst verschiedene Dreiecke zusammennähen, so dass diese wieder ein Quadrat bilden. Die Dreiecksnähte nach einer Seite bügeln und die überstehenden Enden abschneiden (siehe Abbildungen unten).

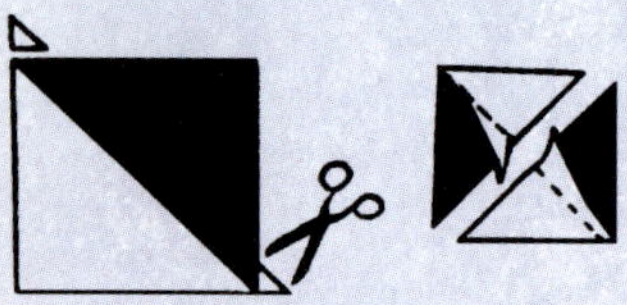

Danach 1 Quadrat mit 2 oder mehr Dreiecken an ein einfaches Quadrat (siehe Abbildungen unten)

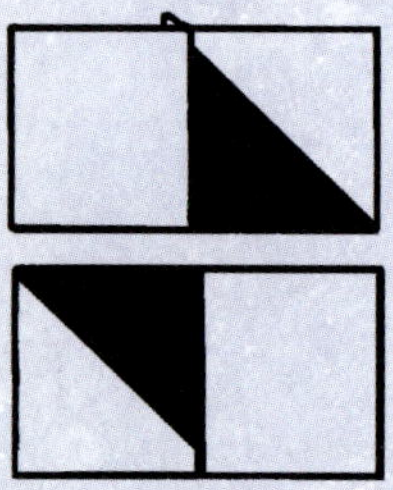

oder je 2 nebeneinander liegende Quadrate (siehe Abbildung unten)

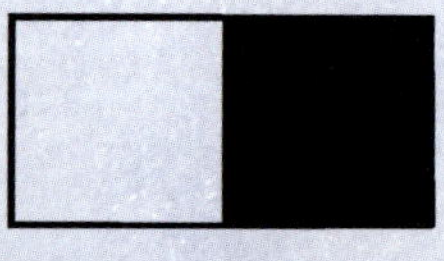

oder untereinanderliegende Quadrate (siehe Abbildung unten) nähen.

Anschließend die zusammengenähten Quadrate und die einfachen Quadrate untereinander zu Reihen (siehe Abbildungen unten),

dann die Reihen zu einem Block zusammennähen (siehe Abbildung unten).

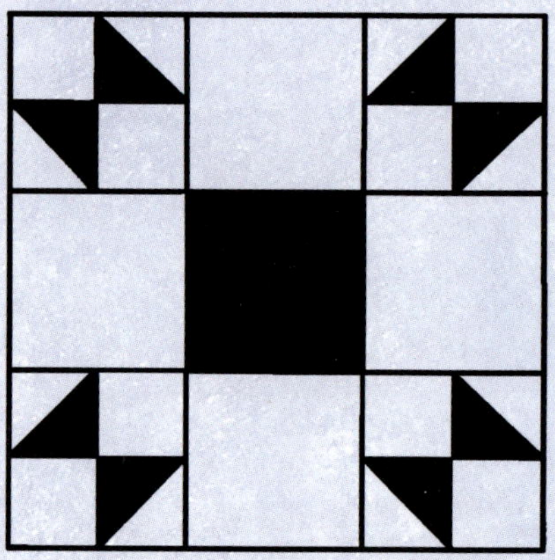

Natürlich können Sie die Quadrate zuerst auch nebeneinander zu Reihen, dann die Reihen untereinander zum Block zusammennähen.

BÜGELN:

Die Patchworkteile möglichst von der rechten Seite bügeln; und zwar: stets nach einer Seite hin (siehe Abbildung unten).

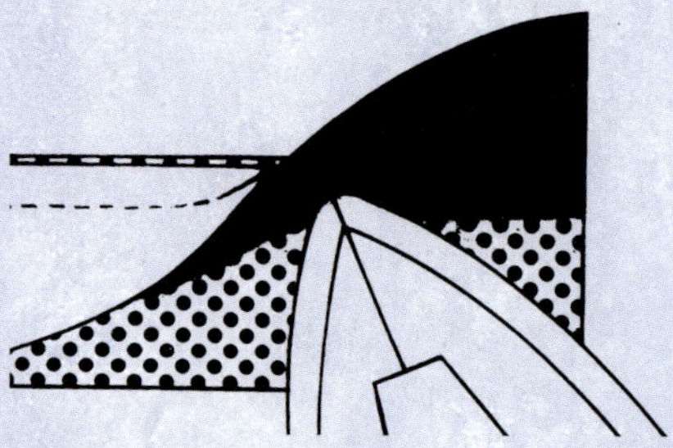

Diese nach einer Seite gebügelten Nähte sind haltbarer (die Kanten werden nicht versäubert) und halten die Einlage zurück. Falls möglich, die Nahtzugaben immer zur dunkleren Stoffseite hin bügeln, damit auf der Vorderseite kein Schatten sichtbar ist. Die Abbildung unten zeigt 3 zusammengenähte und nach einer Seite hin gebügelten Reihen. So sehen die gebügelten Nähte auf der Rückseite aus (siehe Abbildung unten).

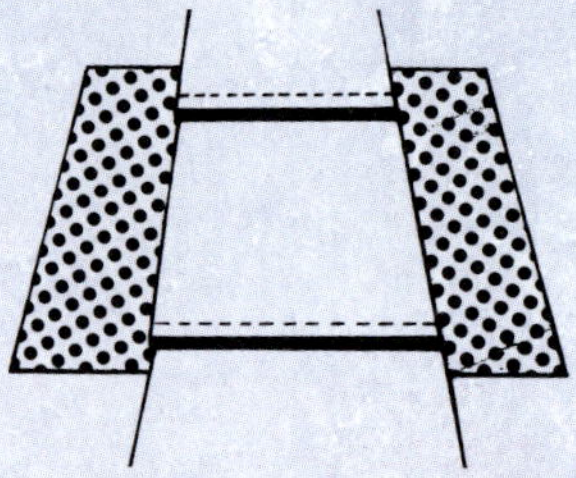

Werden 2 Reihen aus zusammengesetzten Patchworkteilen aneinandergenäht, sollten alle Nahtzugaben der 1. Reihe in eine Richtung, die der 2. Reihe in die entgegengesetzte Richtung gebügelt werden (siehe Abbildung unten).

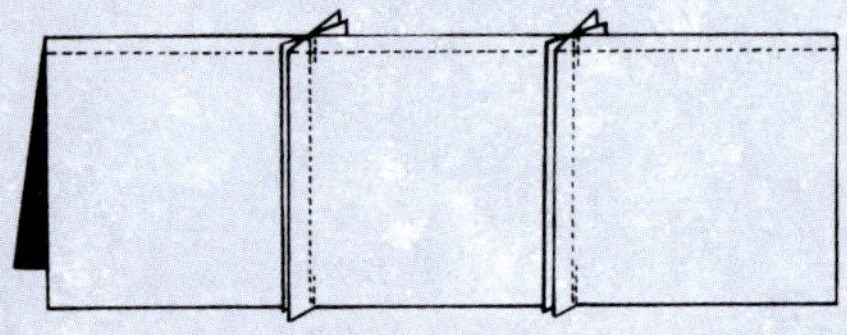

So ist das Zusammenstecken der Nähte, die an den Kreuzungspunkten zusammentreffen, viel einfacher und die Nähte sind nicht so dick.
Werden mehr als 2 Reihen aneinandergenäht, die1., 3., 5., 7. Reihe usw. in eine Richtung, die 2., 4., 6., 8. Reihe usw. in die Gegenrichtung bügeln. Die Abbildung unten zeigt einen perfekt gebügelten Patchworkblock von der Rückseite. Manchmal lässt es sich allerdings nicht vermeiden, dass einige Nahtlinien in den hellen Stoff gebügelt werden. Dies sollten Sie allerdings auf Grund der perfekten Kreuzungspunkte in Kauf nehmen.

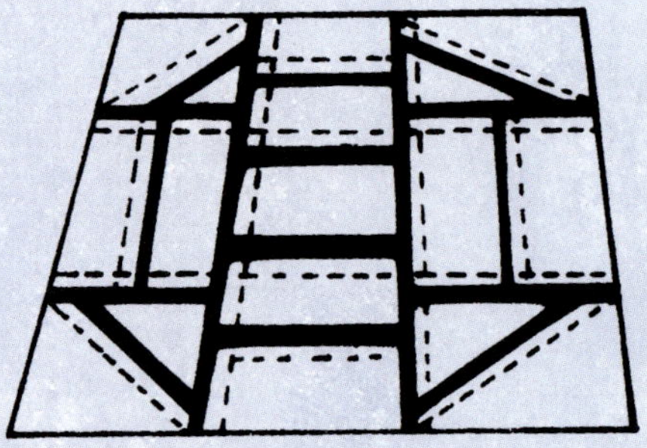

Ausbügeln von Längsstreifen:
Die Längsstreifen nicht waagerecht (siehe Abbildung unten),

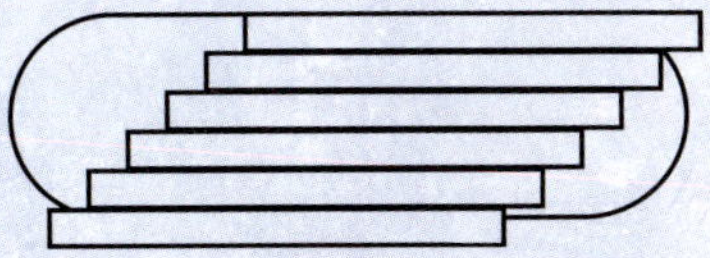

sondern senkrecht (siehe Abbildung unten) auf das Bügelbrett legen.

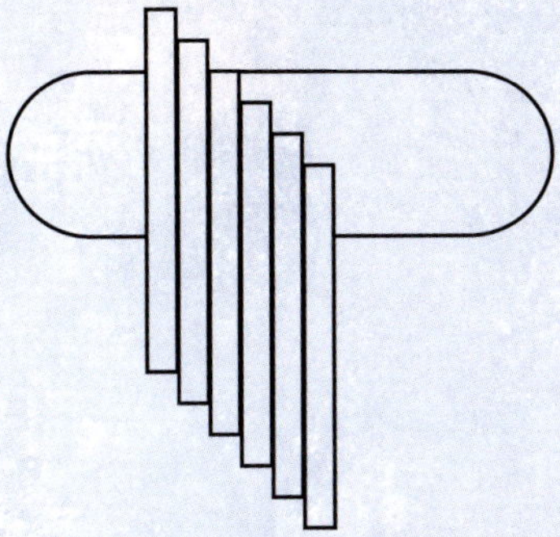

Auf diese Art und Weise verziehen sich die Streifen nicht in eine Richtung, sondern verlaufen parallel.

SCHRÄGE ECKEN NÄHEN:

Zuerst entsprechend lange Streifen zuschneiden = 1 x die Länge der einzufassenden Kante und 2 x die End-Breite des entsprechenden Streifens plus 3,5 cm Nahtzugabe. Danach an allen Streifen laut Abbildung unten die Ecken im 45-Grad-Winkel abschneiden (siehe Abbildung unten).

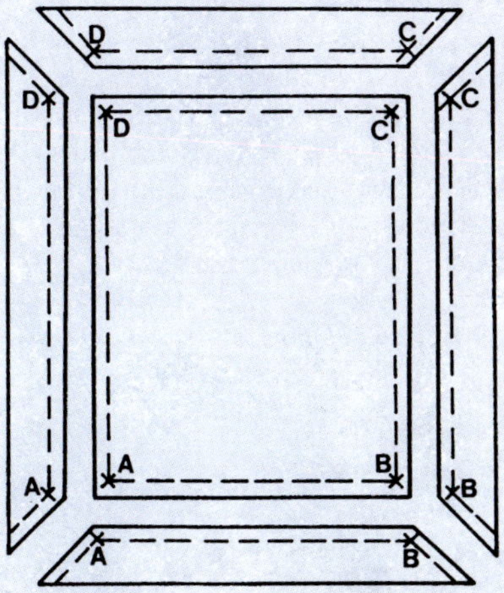

Nun alle Seiten annähen, dabei die jeweiligen Streifen rechts auf rechts auf das entsprechende Teil legen und feststecken. Anschließend die entsprechenden Streifen annähen, dabei jeweils 0,75 cm von den Nahtlinien (dem Eckpunkt = mit x in der Abbildung oben angegeben) entfernt beginnen und enden. Den Nahtanfang und das Nahtende jeweils mit einigen Rückstichen sichern (siehe Abbildung unten).

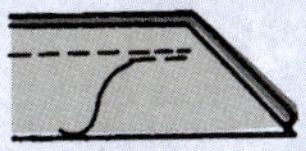

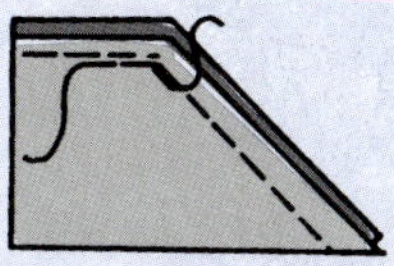

Tipp! Am einfachsten geht dies, wenn Sie die Streifen zuerst an je 2 sich gegenüberliegenden Seiten, danach an den beiden restlichen Seiten annähen.
Zuletzt die schrägen Ecken zusammennähen, dabei wieder am sogenannten Eckpunkt beginnen und den Nahtanfang mit einigen Rückstichen sichern (siehe Abbildung).

ZUSAMMENSETZEN DER LAGEN:

Den Rückseitenstoff ca. 5 cm größer als die Patchworkoberseite glatt auf den Tisch legen - die rechte Seite liegt unten. Die Kanten der Rückseite mit Klebeband an der Unterlage (Tisch oder Boden) befestigen. Ein gleich großes Teil Volumenvlies glatt auf die Rückseite legen. Das Patchwork-Teil mit der rechten Seite nach oben zeigend oben auflegen. Die Lagen mit Stecknadeln aufeinanderstecken, dabei zuerst den Stoff stets mit den Händen von der Mitte zu den Rändern hin glatt streichen (siehe Abbildung unten).

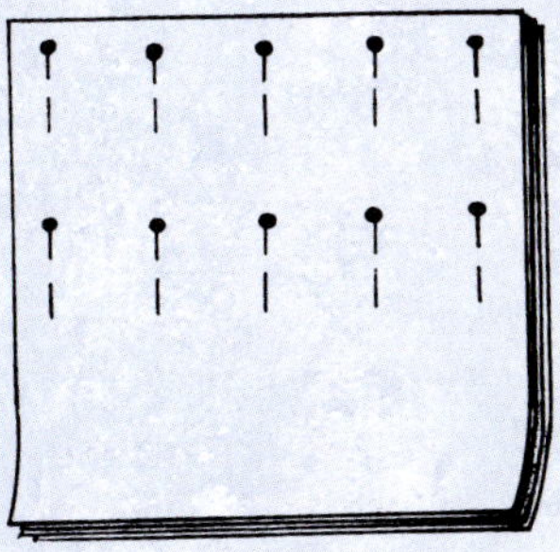

Nun mit Heftgarn die Lagen zwischen den Nadeln mit großen Heftstichen zusammenheften, dabei von der Mitte ausgehend zuerst diagonale, dann waagerechte und senkrechte Linien zu den Rändern gerichtet heften. Ungefähr im Abstand von 5 - 15 cm je eine Heftlinie arbeiten (siehe Abbildung unten). Nach dem Heften die Nadeln entfernen.

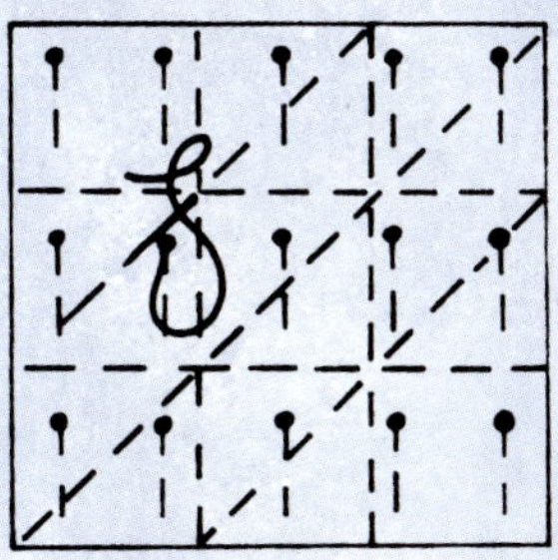

Tipp! Sie können anstatt wie oben beschrieben auch gleich die gebogten Sicherheitsnadeln verwenden (möglichst viele). Damit haben Sie gleichzeitig gesteckt und geheftet. Sie sollten jedoch beachten, dass die Nadeln beim Quilten (besonders beim Maschinenquilten) sehr störend sind. Probieren Sie selbst aus, wie Sie besser zurecht kommen.

QUILTEN:

Quilten dient dazu, die 3 Lagen (Rückseite, Einlage und Patchworkoberseite) zusammenzuhalten. Außerdem kann dadurch die Einlage beim Waschen nicht klumpen. Die verschiedenen Quiltmuster sind zusätzlicher Schmuck des Patchwork-Teiles.
Es wird stets von der Mitte ausgehend nach außen hin gequiltet. Zuerst die Quiltmotive abpausen. Das Motiv auf einen leeren Schablonenbogen kleben.
Die Linien des Motivs vorsichtig aufschneiden, dabei darauf achten, dass keine losen Teile entstehen, so dass die Schablone als Ganzes bleibt. Mit dem Trick-Marker oder dem Silberstift die Linien durch die ausgeschnittenen Teile zeichnen und danach die eventuell unterbrochenen Linien verbinden (siehe Abbildung unten).

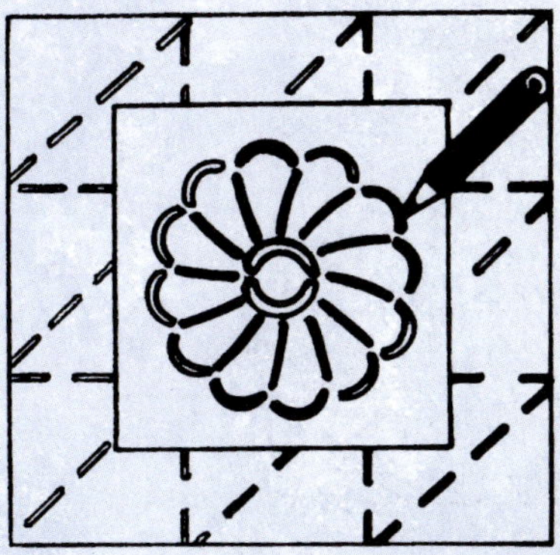

Tipp! Inzwischen gibt es auch schon fertige Schablonen für Quiltmotive zu kaufen.
Bei Motiven, bei denen nur die Umrandungen nachgequiltet werden, können Sie das Motiv ausschneiden und die Umrandungen direkt auf das Patchwork-Teil übertragen (siehe Abbildung unten).

Tipp! Es besteht auch die Möglichkeit, dass Sie die Quiltmotive (jedoch nicht mit dem selbstlöschenden Trick-Marker) auch schon vor dem Zusammensetzen der einzelnen Lagen auf den Stoff zeichnen.

Handquilten:
Für das Quilten eine kurze Quiltnadel verwenden. Nun die Quilt-Arbeit in einen Rahmen oder Quilt-Ring spannen. Das Garn einfädeln und das Garnende verknoten. Danach von unten nach oben an der gewünschten Stelle des Stoffes einstechen und den Faden so weit herausziehen, dass der Knoten in der Füllung stecken bleibt. Nun einen Fingerhut auf den Mittelfinger der Nähhand stecken. Das Nadelöhr gegen den Fingerhut legen und die Nadel in den Quilt lenken, so dass die Nadelspitze die Fingerkuppe der Führungshand unter dem Quilt trifft. Dann von unten gegen den Quilt drücken. Berührt die Nadelspitze den Finger unter dem Quilt, diese zurück auf die Oberfläche lenken und Nadel und Faden durchziehen. Den Finger unter dem Quilt eventuell mit einem zusätzlichen Fingerhut, möglichst aus Leder oder durch Pflaster schützen. Anschließend gleichmäßige Vorstiche durch alle 3 Lagen quilten (siehe Abbildung unten).

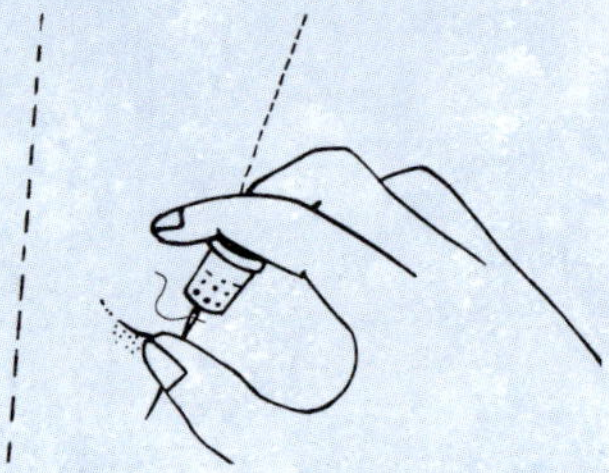

Wenn Sie schon etwas Übung haben, können Sie gleich mehrere Stiche auf eine Nadel fassen, bevor Sie den Faden herausziehen. Auf diese Weise können Sie verschiedene Muster und Linien quilten. Soll entlang der Nähte gequiltet werden, heißt dies, dass genau neben den 0,75 cm breiten Nähten der Patchwork-Teile eingestochen wird (siehe Abbildung unten).

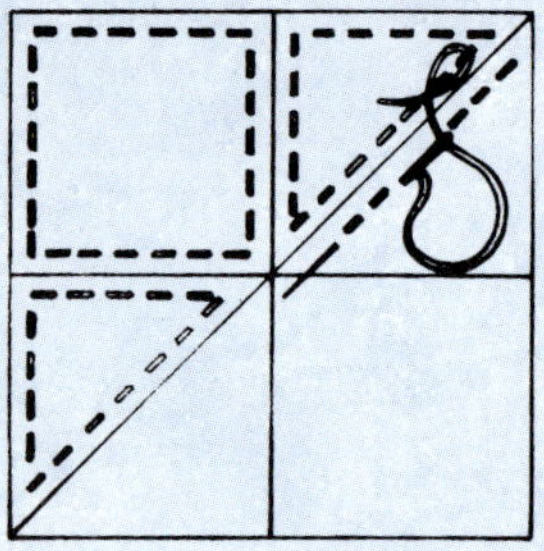

Maschinenquilten:
Eine 90er oder eine spezielle Quilt-Nadel in die Nähmaschine einsetzen und die Spannung etwas lockern. Bitte die gleiche Fadenstärke für den Ober- und Unterfaden benutzen. Einen Zick-Zack-Fuß oder einen speziellen Obertransportfuß, der die 3 Lagen ohne Zusammenziehen der einzelnen Stoffteile miteinander verbindet, verwenden. Für das Quilten von Parallel-Linien einen Abstandhalter anbringen (siehe Abbildung unten).

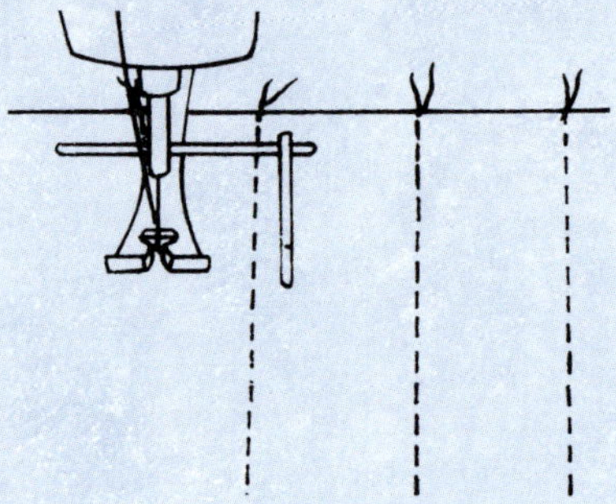

Um Formen zu quilten, den Stickfuß einsetzen und den Stofftransport versenken. Danach möglichst langsam und gleichmäßig nähen, dabei den Stoff mit beiden Händen spreizen (siehe Abbildung unten). Die Stichlänge selbst kontrollieren.

Übung macht den Meister.

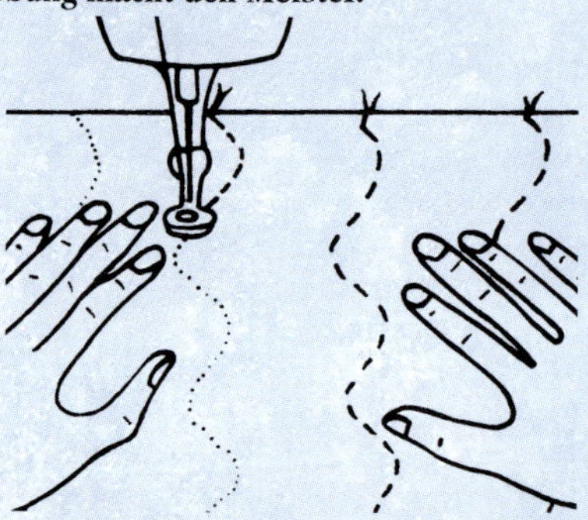

Knotenquilten:
Eine etwas schnellere Methode ist das Knotenquilten. Das kann jedoch, falls Sie besonders aufwendige und hübsche Patchwork-Blocks verwenden, auch eine interessante Alternative sein. Für das Knotenquilten an jeder Stelle, an der ein Knoten eingearbeitet wird, eine Stecknadel anbringen. Nun einen langen, kräftigen Faden (Perlgarn, Häkelgarn oder sogar farblich passende Wolle) in eine Nadel fädeln. Durch alle 3 Lagen hindurch an derselben Stelle 2 Rückstiche ausführen, dabei jeweils über die Stecknadel darübernähen. Fadenanfang und Fadenende ca. 5 - 7,5 cm lang hängen lassen (siehe Abbildung unten).

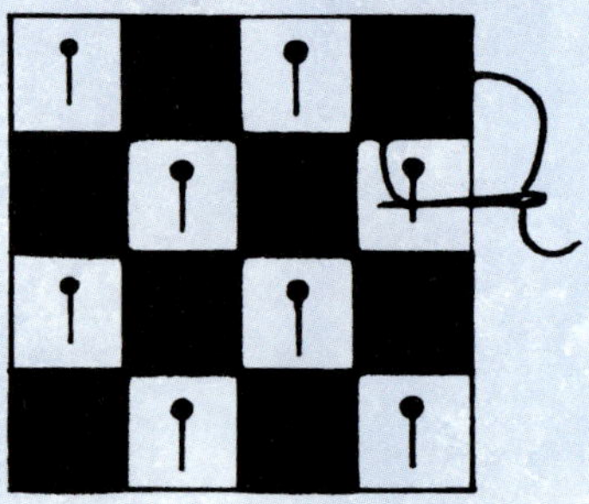

Nun die Fadenenden zuerst rechts über links, dann links über rechts flach verknoten. Knoten festziehen und die Enden in der gleichen Länge abschneiden (siehe Abbildung unten).

Tipp!
Soll der Quilt viel gewaschen werden, empfiehlt es sich, möglichst viele Knoten einzuarbeiten.

DAS RICHTIGE VERSÄUBERN:

Nach dem Quilten die Rückseite mit der Einlage an jeder Seite je 0,75 cm größer oder gleich groß, wie die Vorderseite zurückschneiden. Als letzter Arbeitsgang nun den gesamten Quilt versäubern. Meistens geschieht dies durch die Einfassung einer genau auf den Hintergrundstoff abgestimmten oder kontrastierenden Einfassblende. Die Blende kann aus einem fertigen oder selbst zusammengenähten Schrägstreifen (besonders für Rundungen geeignet) oder einer entsprechenden Einfassblende (für gerade Teile) im geraden Fadenlauf bestehen. Reicht die Stofflänge dabei nicht für die komplette Umrandung oder eine Seite der Patchwork-Arbeit aus, müssen zuerst verschiedene Schrägstreifen oder gerade Streifen zusammengesetzt werden. Um beim Zusammennähen der einzelnen im geraden Fadenlauf zugeschnittenen Streifen eine möglichst flache Naht zu erhalten (beim Schrägstreifen legt sich die Naht von alleine flach), Schmalseiten wie beim Schrägstreifen im 45-Grad-Winkel zusammennähen (siehe Abbildung). Die Nahtbreite beträgt 0,75 cm. Die überstehenden Ecken nachträglich abschneiden.

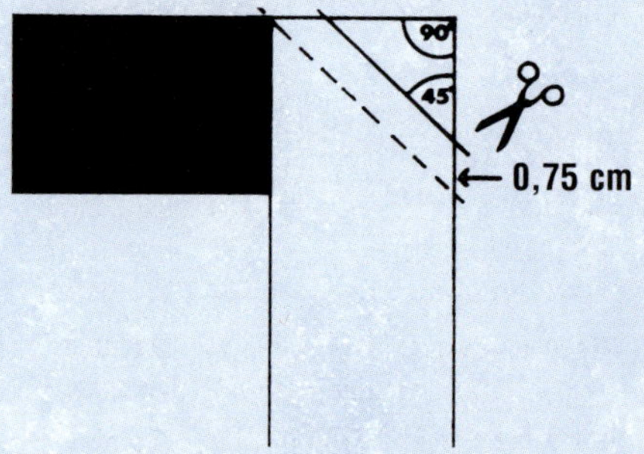

Für manche Patchwork-Arbeiten benötigen Sie keine Einfassblenden. Hierbei werden die 3 Lagen nur verstürzt. Dann vor dem Zusammenstecken der

3 Lagen die Rückseite und die Vorderseite mit der dazwischenliegenden Einlage rechts auf rechts aufeinander legen (die rechten Stoffseiten zeigen nach innen und das Vlies liegt oben auf), dabei darauf achten, dass die 3 Lagen schön glatt gestrichen werden. Nun alle Kanten versäubern und zusammensteppen, dabei zum Wenden eine kleine Öffnung lassen. Nach dem Wenden Öffnung von Hand schließen. Erst danach das Heften und die Quiltarbeiten ausführen.

RANDEINFASSUNG MIT SCHRÄGEN ECKEN:

Zuerst entsprechend lange Streifen zuschneiden = 1 x die Länge des einzufassenden Randes und 2 x die End-Breite des entsprechenden Streifens + 3,5 cm Nahtzugabe. Danach an allen Streifen diagonale Linien (Spitzen) im 45-Grad-Winkel abschneiden (siehe Abbildung unten).

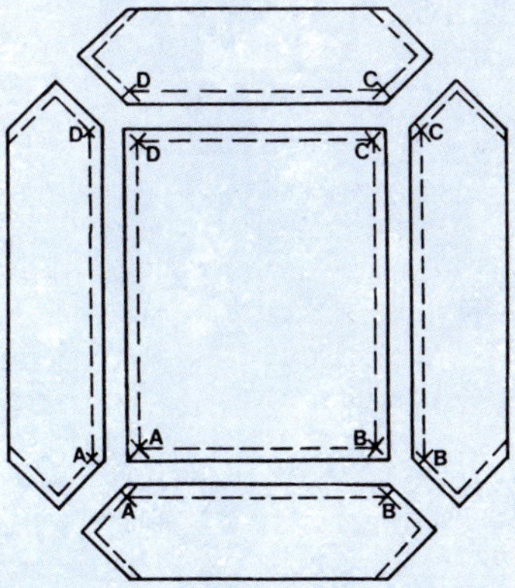

Nun alle Seiten annähen, dabei die jeweiligen Streifen rechts auf rechts auf das Teil legen und feststecken. Anschließend die entsprechenden Streifen annähen, dabei jeweils 0,75 cm von den Nahtlinien (Eckpunkt = mit x in der Abbildung oben angegeben) entfernt beginnen und enden und den Nahtanfang sowie das Nahtende jeweils mit einigen Rückstichen sichern (siehe Abbildung unten).

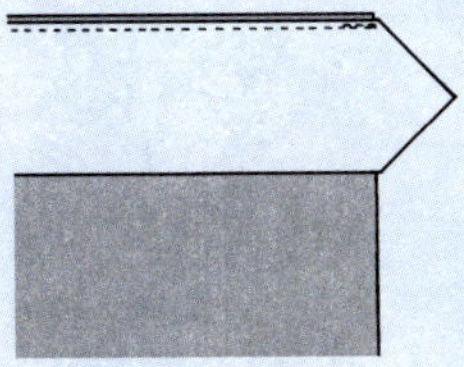

Tipp! Am einfachsten geht dies, wenn Sie die Streifen zuerst an je 2 sich gegenüberliegenden Seiten, danach an den beiden restlichen Seiten annähen.
Zuletzt die Spitzen zusammennähen, dabei wieder am Eckpunkt beginnen und den Nahtanfang mit einigen Rückstichen sichern (siehe Abbildung unten). Nahtzugaben auseinanderbügeln.

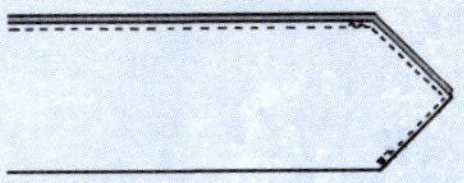

Nun an den äußeren Kanten (= in Höhe der Spitzenmitte) je 1 Bruch bügeln. Die offenen Kanten 0,75 cm breit nach innen umbügeln und feststecken (siehe Abbildung unten). Danach diesen Rand mit kleinen Saumstichen auf der Rückseite der Arbeit annähen.

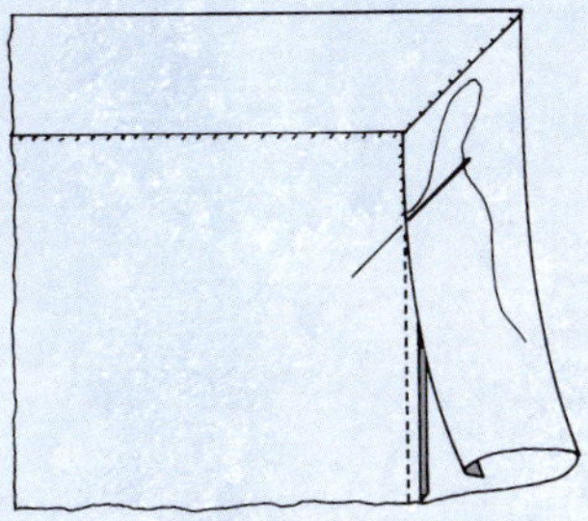

Tipp! Zur Randeinfassung mit schrägen Ecken gibt es noch eine 2. Möglichkeit, die wir Ihnen nachfolgend vorstellen:
Zuerst alle 4 Streifen in der angegebenen Länge und Breite zuschneiden. Danach die Längsseite 0,75 cm breit nach innen bügeln. Anschließend an den kurzen Seiten im 45-Grad-Winkel 2 diagonale Linien (= Spitzen) abnähen (siehe Abbildung unten).

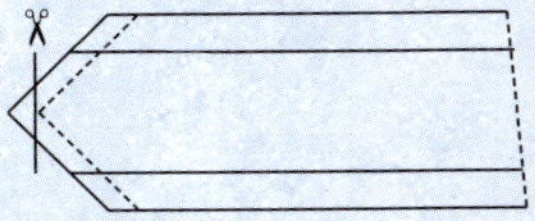

Nahtzugaben bis auf 0,75 cm zurückschneiden. Spitze bis kurz vor die Nahtlinien abschneiden. Zusammengenähte Streifen wenden, doppelt aufeinander legen (siehe Abbildung unten) und 0,75 cm breit über die Stoffquadrate oder -rechtecke schieben.

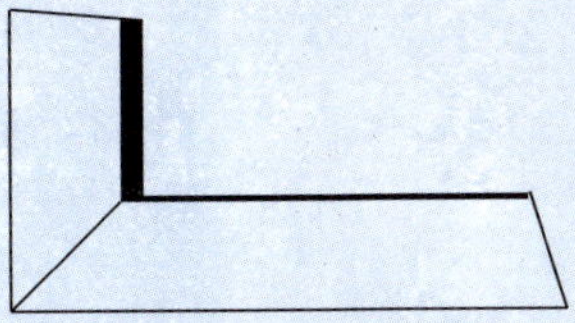

Danach alle Streifen schmalkantig aufsteppen (siehe Abbildung unten).

SCHRÄGSTREIFEN ZUSAMMENSETZEN:

1. ***Methode:***
Zuerst Streifen im schrägen Fadenlauf zuschneiden. Danach diese Streifen zusammennähen (siehe Abbildung unten).

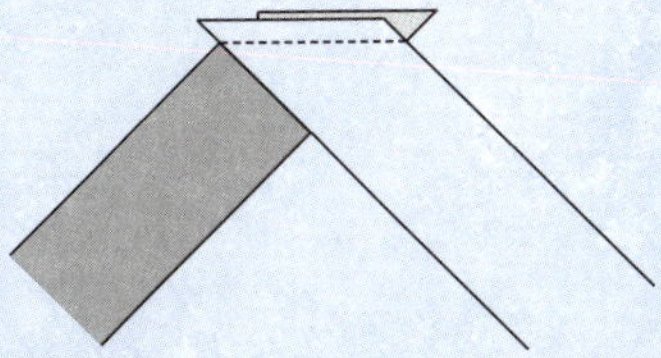

Je nach gewünschter Länge 2 oder mehr Streifen zuschneiden, zusammennähen und auf die entsprechende Länge zurechtschneiden.

2. ***Methode:***
Diese Methode ist besonders empfehlenswert, wenn sehr lange Schrägstreifen benötigt werden.
Zuerst ein Quadrat von ca. 50 x 50 cm zuschneiden. Nun das Quadrat 1 x in der Diagonalen durchschneiden, so dass 2 Dreiecke entstehen (siehe Abbildung unten).

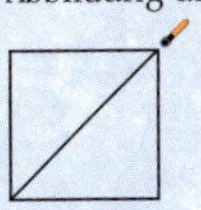

Anschließend diese beiden Dreiecke zu einem Parallelogramm zusammennähen (siehe Abbildung unten). Naht auseinanderbügeln. Danach im Abstand der entsprechenden Schrägstreifenbreite Linien einzeichnen (siehe Abbildung unten).

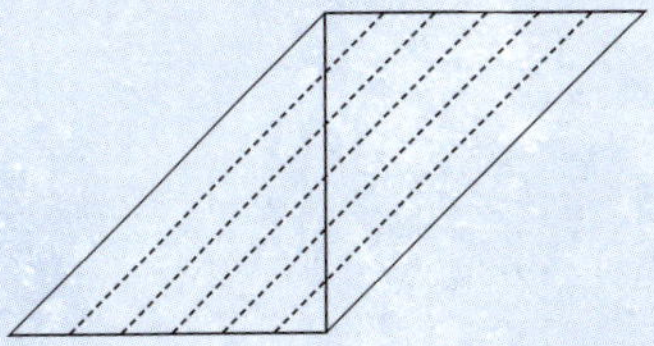

Nun diese Fläche zu einem Tunnel schließen, dabei die spitzen Ecken um die Streifenbreite versetzen, so dass die Kante auf die 1. abzuschneidende Linie trifft (siehe Abbildung unten).

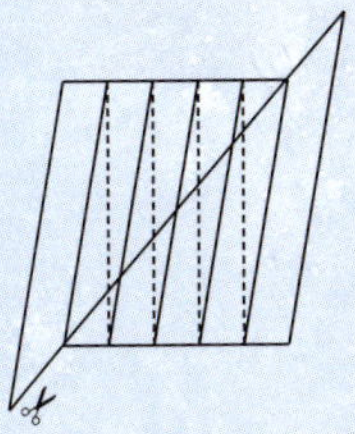

Naht auseinanderbügeln. Danach aus dieser Fläche entsprechend der eingezeichneten Linien mit der Schere einen Endlosstreifen in der gewünschten Länge zuschneiden.

Bücher für kreative Menschen ...

Kleine Stiche mit großer Wirkung: Unter diesem Motto präsentiert das Stickbuch mehr als 50 Modelle in unterschiedlichen Schwierigkeitsgraden. Ausgehend von einem kompletten Monatsbild mit saison-typischen Szenen werden für jeden Monat darüber hinaus kleine Elemente aus diesem Bild aufgegriffen. Und immer neue Gestaltungsmöglichkeiten mit ihnen aufgezeigt.
Alle Modelle können mit Hilfe der verständlichen Anleitungen, der übersichtlichen Zählmuster und der stimmungsvollen Fotos leicht nachgearbeitet werden. Ein Buch zum kreativen Gestalten, voller Anregungen und praktischer Tipps. (ISBN 3-933813-22-0)

Eine altbekannte Technik kommt in diesem Buch zu neuen Ehren: die skandinavische Hardanger-Stickerei lebt von ihrer Vielzahl an Stich-Kombinationen. Sie hat eine lange Tradition als Gestaltungselement für Tischwäsche und textile Dekogegenstände.
Das Buch konzentriert sich auf Modelle rund ums Weihnachtsfest: Tischdecken und Christbaumkugeln, Grußkarten und Geschenkverpackungen bekommen mit dieser interessanten Technik einen wertvollen, unvergleichlichen Auftritt. Alle Modelle werden von einer leicht verständlichen Anleitung sowie von Stickschriften auf einem Extrabogen ergänzt.
Darüber hinaus beantwortet eine Stickschule alle sich stellenden Fragen bezüglich Stichen und Verarbeitung. (ISBN 3-933813-24-7)

Den Zauber einer Genießer-Sommernacht in Südfrankreich heraufbeschwören, ein märchenhaftes Fest in Weiß auf der grünen Wiese inszenieren oder eine Einladung an einen Tisch in frühlingsfrischen Grüntönen aussprechen – welche Launen Frühjahr und Sommer auch an den Tag legen werden, das vorliegende Buch verleiht passionierten Gastgebern Flügel und inspiriert sie, das passende Fest für jede Stimmung auszurichten. Ein stilvolles Essen in der Familie, ein romantisches Tête-à-tête oder ein Abend voller Esprit im engsten Freundeskreis – wer gern den Tisch deckt, wird hier Anregungen für fernöstliche Tafel-Dekorationen ebenso finden wie Rezepte für ausgefallene Gaumenfreuden.
(ISBN 3-933813-51-4)

Weihnachtszeit, Zeit der Feiern und Familienzusammenkünfte. Zeit, sich um einen festlich gedeckten Tisch zu versammeln und es sich schön zu machen. Für diese zauberhafte Zeit des Jahres hält das vorliegende Buch ein Feuerwerk an Ideen bereit. Da wird mit Pastellfarben und zartem Organza ein Feen-Fest inszeniert. Oder mit Tannenzapfen und Orangen Würzig-Weihnachtliches für Traditionalisten aufgetischt. Da gibt es eine Tafel für Eisprinzessinnen – mit Kristallen in Silber und Bleu und für die Liebhaber der Alpen-Weihnacht ein heimeliges Ambiente in Rotweiß. Die Ideen für die Festtags-Tafeln werden jeweils mit entsprechenden Deko-Tipps ergänzt, die auch Türrahmen und Treppenabsätze, Stühle und Anrichten in ein weihnachtliches Gewand hüllen.
(ISBN 3-933813-23-9)

Die Natur als Inspirationsquelle für romantische, vorweihnachtliche Dekorationen: Mit immergrünen Pflanzen, mit Holz, Früchten, Moos und Kräutern wird ein Stück Natur ins Haus geholt und auf eine unkonventionelle Art zusammengestellt. In diesem Stil, der gleichermaßen modern und romantisch wirkt, entsteht Winterlich-Dekoratives für alle Bereiche des Hauses. Ein wesentlicher Bestandteil dieses Buches ist die Ideen-Vielfalt für zauberhafte Lichtquellen. Da werden ungewöhnliche Kerzen gegossen, Früchte ausgehöhlt und aus Tontöpfen und Äpfeln Kerzenhalter gemacht. Ein Buch zum Benutzen und Träumen.
(ISBN 3-933813-21-2)

PATCHWORK GILDE DEUTSCHLAND E.V.

Die Patchwork Gilde Deutschland e.V. ist ein gemeinnütziger Verein mit ca. 7000 Mitgliedern in Deutschland und der ganzen Welt.
Die Gilde gibt viermal jährlich für ihre Mitglieder eine Zeitung heraus und bietet ihnen ein umfangreiches Servicepaket.
Nachwuchsförderung wird groß geschrieben. Die Gilde bietet in diesem Zusammenhang Lehrkräften, Erziehern und Eltern Unterstützung für die Arbeit mit Kindern.
Neuerdings ist die Patchwork Gilde auch stark im Internet vertreten. Dort gibt sie ihren Mitgliedern die Möglichkeit Arbeiten auszustellen und bietet allen Interessierten Informationen zu Ausstellungen und Kontakten.
Auch Quiltkünstlern gibt die Gilde Unterstützung und Raum zur Darstellung.
Alle zwei Jahre veranstaltet die Patchwork Gilde eine große Ausschreibung für alle Mitglieder, die in einer Wanderausstellung in ganz Deutschland und dem angrenzenden Ausland gezeigt wird.

Patchwork Gilde Deutschland e.V.
Zum Weißen Feld 1
49179 Ostercappeln
Tel.: 05473-8125
Fax: 05473-2223
http://www.patchworkgilde.de

Nachwuchs:
http://www.quiltkids.de

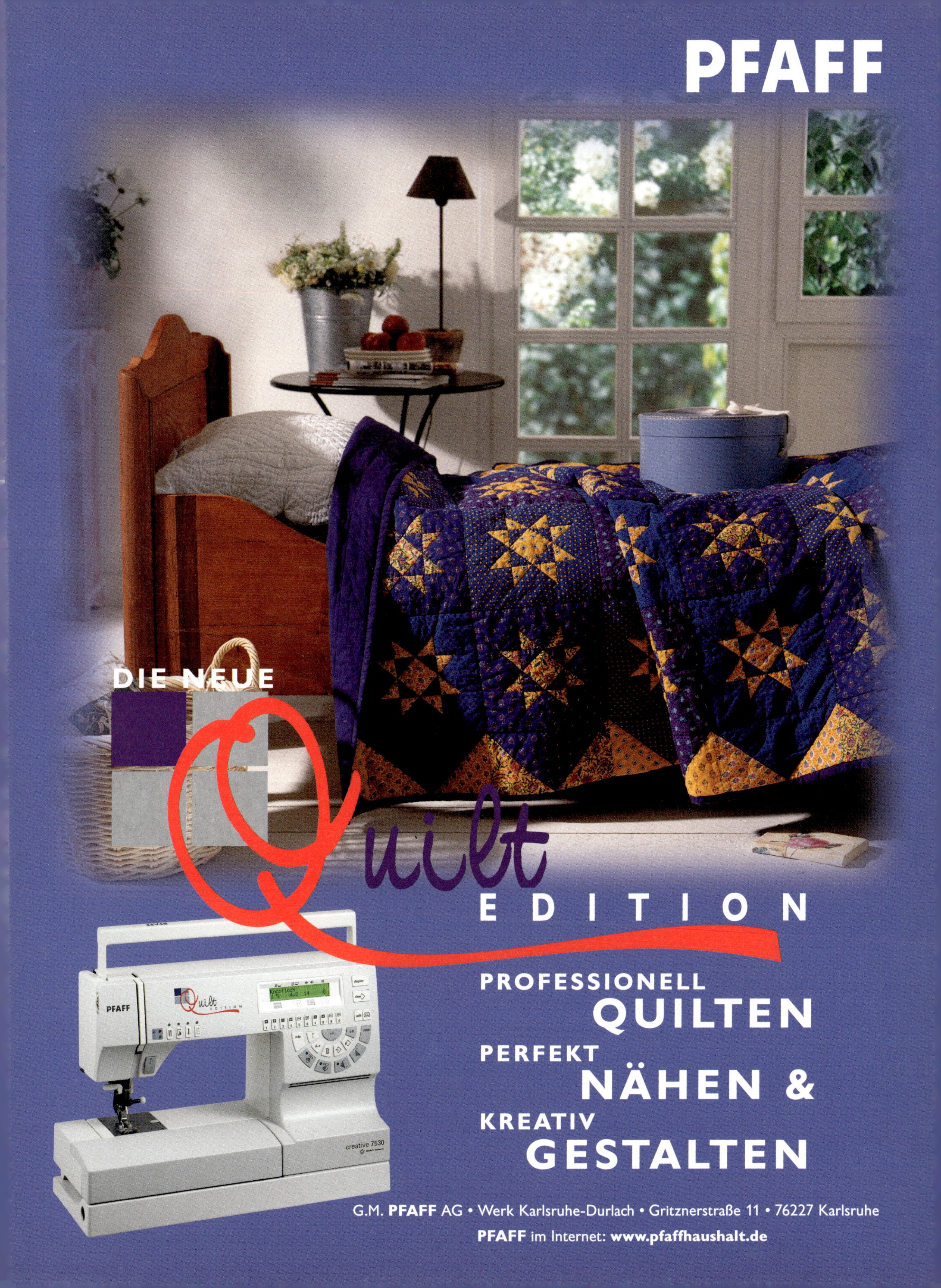
PFAFF
DIE NEUE
Quilt
EDITION
PROFESSIONELL
QUILTEN
PERFEKT
NÄHEN &
KREATIV
GESTALTEN
G.M. PFAFF AG • Werk Karlsruhe-Durlach • Gritznerstraße 11 • 76227 Karlsruhe
PFAFF im Internet: www.pfaffhaushalt.de

Quellennachweise

Idee & Realisation:

Anita Bühler: *Seite 21, 23*

Regina Bühler: *Seite 53*

Anne Foerster und Team: *Seite 15, 19*

Alice Huber: *Seite 33*

Anna Huber: *Seite 9, 11, 13*

Angelika Isele Mayer: *Seite 25*

Rosemarie Kostuch: *Seite 49*

Christa Rolf: *Seite 43, 47*

Gerda Seitz: *Seite 29*

Styling:

Christiane Käsmayr

Fotografie:

UZwei Fotodesign Uwe Bick

Herstellernachweis – Stoffe:

Seite 21, 23: Austermann Vertriebs GmbH, Postfach 1367, 73075 Süssen.

Seite 15, 19, 25: Elgeo Kreatief B.V., Flevolaan 18, NL - 1382 JZ Weesp.

Seite 29: Frowein , Lenneper Str. 130, 42289 Wuppertal.

Seite 53: Nancy Craw, Smyrnafix, Van Rijn Textiel & Hobby B.V.: zu bestellen bei: Quilt Star Monika Schiwy, Lorettostr. 54, 79100 Freiburg. Tel.: 0761 / 4002680, Fax: 0761/4002339.

Seite 9, 11, 13, 25, 33, 43, 49: Smyrnafix Georgii OHG, Postfach 329, 71043 Sindelfingen.

Seite: 25: Van Rijn Textiel & Hobby B.V., De Hoogjiens 1, NL - 4254 Sleeuwijk.

Alle Vliesstoffe: Freudenberg Vliesstoffe KG, Geschäftsbereich Einlagestoffe, Postfach 100 363, 69465 Weinheim.

Impressum

Konzeption und Redaktion:
Regina Bühler, Susanne Klar

Text:
Regina Bühler, Susanne Klar

Bearbeitung:
Regina Bühler

Layout und Produktion:
Carsten Schorn, Merzhausen

Druck und Bindung:
J. P. Himmer, Augsburg

ISBN 3-933813-52-2